ADAC Reiseführer

Kanada Ost

von Sabine Rheker-Weigt und Dirk Rheker

10 ADAC Top Tipps

Das müssen Sie gesehen haben! Die zehn Top Tipps bringen Sie zu den absoluten Highlights.

25 ADAC Empfehlungen

Unterwegs gut beraten: Diese 25 ausgesuchten Empfehlungen machen Ihren Urlaub perfekt.

Preise für ein DZ mit Frühstück:
€ | bis 100 €
€€ | bis 170 €
€€€ | ab 170 €

Preise für ein Hauptgericht:
€ | bis 10 €
€€ | bis 15 €
€€€ | ab 15 €

Intro

ADAC Quickfinder

Hier finden Sie die Orte, Sehenswürdigkeiten und Attraktionen, die perfekt zu Ihnen passen.

Unterwegs

Service

Alle wichtigen reisepraktischen Informationen – von der Anreise über Notrufnummern bis hin zu den Zollbestimmungen.

Zu diesen Orten und Sehenswürdigkeiten finden Sie Detailkarten im Innenteil des Reiseführers.

Umschlag:

ADAC Top Tipps: Vordere Umschlagklappe, innen 1

ADAC Empfehlungen: Hintere Umschlagklappe, innen 2

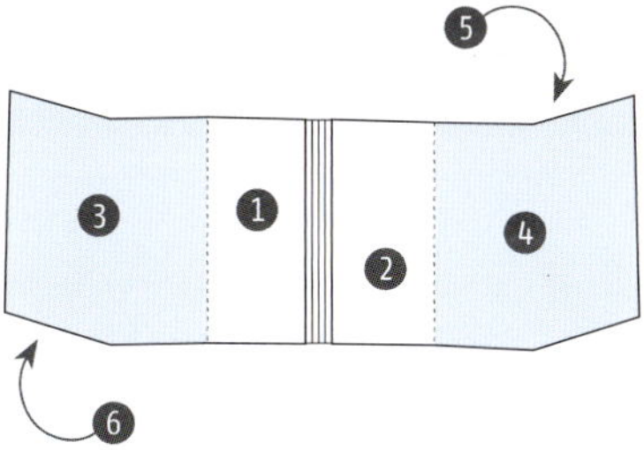

Übersichtskarte Kanada Ost Süd: Vordere Umschlagklappe, innen 3
Übersichtskarte Kanada Ost Nord: Hintere Umschlagklappe, innen 4

Stadtplan Toronto: Hintere Umschlagklappe, außen 5
Ein Tag in Toronto: Vordere Umschlagklappe, außen 6

Wildnis und Kultur – Kanadas grandioser Osten

Vielfältige Begegnungen mit rauher Natur, lebendigen Städten und traditionsbewussten Menschen

Zahlreiche Leuchttürme stehen an den Küsten der Atlantikbucht Bay of Fundy

Kanada ist ein Phänomen – wer schon hier war, schwärmt von Land und Leuten. Und wer noch nie da war, ebenfalls. Viele träumen davon, endlich einmal dorthin zu reisen, um zu erkunden, warum das Land einen so ausgezeichneten Ruf besitzt, der jährlich Touristen aus der ganzen Welt anzieht.

Natürlich liegt es an der Landschaft, die über weite Strecken und vielerorts noch so unberührt und naturbelassen ist wie an der Schwelle vom 15. zum 16. Jh., als sie ihre europäischen Entdecker zum Staunen brachte: die glasklaren Flüsse und Abertausende von Seen, in denen sich Fische tummeln und Schwarzbären nach diesen jagen; die endlosen Wälder und großartigen Bergwelten, in denen Biber, Wölfe und Elche zu Hause sind; die weiträumigen Tundren und Prärien, durch die riesige

Karibu-Herden ziehen und an deren nördlichsten Rändern Eisbären auf Futtersuche gehen, während sich vor den Küsten Robben, Seelöwen, Orcas und gigantische Wale tummeln.

Das größte Dorf der Welt

»Kanada« ist ein Wort aus der Sprache der Irokesen und bedeutet »Dorf«. So

gesehen ist das gewaltige Land also das größte Dorf der Welt und reiht damit eine weitere Höchststufe in seine lange Liste der Superlative: mit 202 080 km die längste Küstenlinie eines Staates, die höchste Bildungsrate aller Länder, mehr Seen als der Rest der Welt zusammen, mit dem Saguenay Fjord einen der längsten Fjorde der Erde. Außerdem gibt es 42 Nationalparks, 167 National Historic Sites und vier Meeresschutzgebiete, die auf Besucher warten. Man muss seine Ziele auswählen, auch in allen sechs Provinzen des Ostens.

Tradition und Moderne

In den Atlantikprovinzen New Brunswick, Prince Edward Island, Nova Scotia, Newfoundland und Labrador hat der Ozean Menschen und Landschaft geprägt. Hier gibt es ein paar wenige Strände, doch vor allem raue Felsenküsten mit herrlichen Ausblicken, historischen Leuchttürmen und zahlreichen Nationalparks. Durchzogen von großartigen Wegen, die beim Hiking

Imposante Skyline in Toronto (unten) und eindrucksvolle Skulpturen im Botanischen Garten Montréal (ganz unten)

Strahlender Innenraum: Notre-Dame de Montréal (oben), süßes Gold: Ahornsirup (Mitte), Tier und Natur: ein Elch im Gros Morne National Park (unten)

und Trekking erwandert werden wollen. Hier leben authentische Menschen, die ihre schottischen, bretonischen sowie deutschen Traditionen pflegen und die gleichzeitig moderne Kanadier sind. Es lohnt sich, ihre Sitten, ihre Musik und ihre Rezepte kennenzulernen. Apropos Rezepte: Es soll Besucher der Atlantikprovinzen geben, die bei aller Liebe zur Natur vor allem die Begegnung mit einem besonderen Tier suchen: dem frisch zubereiteten Atlantikhummer. Der wird hier fangfrisch in den Häfen oder in typischen Lokalen wie den Lobster-Supper-Restaurants von Prince Edward Island serviert.

Paradies für Wassersportfreunde

Wassersportfreunde sind in Kanada in ihrem Element: beim Paddeln und Segeln auf den Gewässern Ontarios oder auf Flüssen, die zu den Großen Seen führen, sowie im St.-Lorenz-Strom, dem größten Fluss Kanadas. Wer also

Wasser nicht scheut, traut sich mit dem Kajak zu einer Eisbergtour vor der Nordküste Neufundlands, fährt mit dem Schiffchen in die Gischt des Weltwunders Niagarafälle an der Grenze zu den USA oder mit dem Frachtschiff mehrere Tage an der Nordküste Labradors entlang, wo vor allem Inuit leben und keine Straße Einheimischen wie Besuchern mehr den Weg bahnt.

Leuchtender »Indian Summer«

Was gibt es denn im Herbst Schöneres als das feurige Leuchten der Wälder in Québec, »Indian Summer« genannt, wenn Ahorn- und Eichenbäume im Flusstal des Rivière Jacques-Cartier oder auf der Gaspésie-Halbinsel in Flammen zu stehen scheinen? Dann mundet hier der Cidre, der nach guter französischer Tradition gekeltert wird. Dann ist die richtige Zeit für einen Bummel durch historische Orte wie Trois-Rivières oder für Schlemmerbesuche in Restaurants der »Route des Saveurs« in der Region Charlevoix.

> *Lasst uns englisch sein oder lasst uns französisch sein – aber allem voran lasst uns kanadisch sein!*
>
> Sir John Alexander Macdonald, erster Premierminister Kanadas

Kultur in den Metropolen

Genug Gründe für eine Reise in den Osten Kanadas? Wen die Natur weniger lockt, sondern eher Menschen und Metropolen, der hat im Ahornblatt-Staat einige Destinationen zur Auswahl, die ihn begeistern werden. Die hilfsbereiten Bewohner machen selbst in großen Städten einen Aufenthalt zu einer angenehmen Erfahrung. Wenn

Peggy's Cove hat sich seinen Charme als rustikales Fischerdorf bewahrt

man nur Acht gibt, als Gast Stolperfallen zu vermeiden, wie beispielsweise in Toronto zu behaupten, die Nationalsportart Eishockey sei in Montréal erfunden worden, oder andersherum. Denn das haben die beiden Kontrahenten untereinander auch noch nicht geklärt. Ansonsten hat jede Großstadt ihr eigenes Flair und ihren eigenen Herzschlag. Québec City, die europäischste der Städte, bezaubert mit der Altstadt, der beeindruckenden Anzahl kreativer Künstler sowie der Nähe zur französischen Kultur und Sprache. Montréal, auch »Manhattan ohne Stress« genannt, gibt sich als Mischung zwischen altem Europa und modernem Amerika, als Jongleur zwischen französischer und englischer Sprache mit einer toleranten Stadtkultur sowie einem reichen kulinarischen Angebot, das die Bewohner durchaus zu genießen wissen. Toronto wirkt auf den ersten Blick US-amerikanisch, doch die Seele liegt im Detail: Die Stadt ist fußgängerfreundlich, besitzt ein ausgezeichnetes öffentliches Nahverkehrssystem, gilt als Hotspot der zeitgenössischen kanadischen Kunst sowie der modernen Architektur und fühlt sich selbst als Wegbereiter eines urbanen Lifestyles. Ottawa hingegen, die Bundeshauptstadt, ist eine unaufgeregte, liebenswerte Kapitale, in der es sich gut leben lässt und in welcher der Weg in die nahezu intakte Natur gut mit dem Fahrrad zu bewältigen ist. Ein Wohlfühlland? Es gibt vieles, was für diese Einschätzung spricht. Sicher, über das Nationalgericht »Poutine« – Pommes frites mit Käse und Bratensoße – kann gestritten werden, aber

Mit einem Boot kommt man den 57 m in die Tiefe stürzenden Niagarafällen ganz nahe

ganz bestimmt nicht über den Reichtum sowie die Vielfalt des großen Landes und seiner faszinierenden östlichen Provinzen. Und spricht nicht auch für die heutige kanadische Gesellschaft, dass ihre indigenen Bewohner, die First Nations, nach Jahrhunderten der Unterdrückung ihre Kultur ausleben können und dass der Staat mit milliardenteuren Hilfsprogrammen versucht, früheres Unrecht wiedergutzumachen? Einige indigenen Stämme haben sich mittlerweile dem Tourismus geöffnet. Es ist ein einzigartiges Erlebnis, mit »Elders« am Lagerfeuer zu sitzen, mit Stammesangehörigen zu fischen, auf Pfaden durch die Wälder geführt zu werden oder, wie auf Manitoulin Island, bei einem der größten Pow Wows der Region als Gast dabei zu sein.

Hauptstadt Ottawa (Bundeshauptstadt); Hauptstädte der Provinzen Ostkanadas: Toronto (Ontario), Québec City (Québec), Fredericton (New Brunswick), Charlottetown (Prince Edward Island), Halifax (Nova Scotia), St. John's (Newfoundland und Labrador),

Einwohner Mehr als 34 Millionen Menschen leben in Kanada, davon zwei Drittel in den östlichen Provinzen

Amtssprachen Englisch und Französisch

Währung Kanadischer Dollar (CAD)

Verwaltung Die sechs Provinzen Ostkanadas verfügen jeweils über eine eigene Regierung sowie ein Parlament

Fläche Der Osten Kanadas umfasst 2 800 000 km², das sind 30 Prozent der gesamten Staatsfläche

Tourismus Mehr als 20 Millionen Touristen besuchen jedes Jahr Kanada

Oft gehörtes Sprichwort

»Willst du etwas gut gemacht haben, so tue es selbst!« – ein eindeutiger Verweis auf den Pioniergeist des Landes

Darin sind die Kanadier Weltmeister In ihrer Paradedisziplin Eishockey – und das schon 26-mal seit Einführung der offiziellen Weltmeisterschaft im Jahr 1920

Das will ich erleben

Im Osten Kanadas gibt es die schönsten Seen inmitten herrlicher Wälder, die im »Indian Summer« in faszinierenden Farben erstrahlen. Die weiten Landschaften der Provinzen Ontario und Québec sind genau richtig für großartige Outdoor-Aktivitäten. Die Atlantikprovinzen begeistern mit ihren rauen Küsten und herzlichen Menschen. Die kanadische Hauptstadt Ottawa sowie Toronto, die größte Stadt des Landes, haben spannende Erlebnisse für jeden zu bieten. Die optimale Reisezeit für das östliche Kanada liegt für viele Besucher in den Sommermonaten zwischen Juni und September.

Stationen der Geschichte

Von den First Nations der Inuit und Métis über die Wikinger und die Entdeckungsreisen der Europäer im 15. und 16. Jh. bis hin zum Commonwealth of Nations und der Etablierung einer modernen Demokratie mit Einfluss in der Welt: Kanadas Geschichte ist reichhaltig und vielfältig. Und das zweitgrößte Land der Erde pflegt sein kulturelles Erbe mit großem Stolz.

Die schönsten Nationalparks

Traumhafte Landschaften, türkisfarbene Seen, tosende Wasserfälle, einzigartige Bergkulissen, abwechslungsreiche Wanderwege sowie eine faszinierende Tier- und Pflanzenwelt: Im Osten Kanadas sind einige der spektakulärsten Nationalparks des Landes zu entdecken. Sie rauben jedem Besucher den Atem – geleitet von Menschen, die das natürliche Erbe zu schützen wissen.

Historische Innenstädte

Das Land des roten Ahorns, der Elche und der Bären war lange Ziel vor allem für Individualisten und Globetrotter. Mittlerweile zieht es immer mehr Menschen nach Kanada, die in der zauberhaften Kulisse historischer Städte bummeln und sich vom Ambiente englisch oder französisch geprägter urbaner Kultur verzaubern lassen.

Bei den Ureinwohnern

Die Männer tragen prächtigen Haarschmuck, die Frauen geflochtene Zöpfe. Wie entrückt wiegen sie ihre Körper zu den Trommeln. Wer tanzt am ausdrucksvollsten? So ist es auf einem Pow Wow. Lange wollte man die Ureinwohner assimilieren, heute entdeckt man wieder ihre Wurzeln.

Die besten Museen

Kunst und Geschichte kann glücklich machen, deshalb dürfen Ärzte in Montréal seit einiger Zeit ihren Patienten Museumsbesuche verordnen. Ob die Geschichte der Ureinwohner, zeitgenössische Kunst oder Dinosaurierskelette: Unzählige Museen im östlichen Kanada sind auch ohne Wehwehchen einen Besuch wert.

Outlets, Boutiquen, Delikatessenläden

Kanada ist ein großartiger Ort zum Einkaufen. In Großstädten gibt es Designer-Boutiquen, Mega-Stores und Delikatessenläden. Wer Souvenirs für die Lieben daheim sucht, wird derweil in den Touristenzentren bestens bedient, und das oft mit authentischer Handwerkskunst.

Lukullische Genüsse

Gerade der Osten Kanadas ist eine wahre Schatztruhe, was kulinarische Köstlichkeiten anbelangt. Allerdings muss man sich schon etwas bemühen, um die lokalen Besonderheiten und Restaurants zu finden, die nichts mit den üblichen Burger-Buden, Coffee Shops oder Fast-Food-Läden zu tun haben.

Unvergessliche Roadtrips

Wer möglichst viel vom östlichen Kanada und seinen unterschiedlichen Regionen entdecken möchte, dem sei ein Roadtrip mit dem Auto oder Wohnmobil empfohlen. Die eindrucksvollsten Routen quer durch die Provinzen und Territorien führen durch unendliche Weiten sowie einzigartige Nationalparks, Berge, Wälder und Küsten.

Tiere beobachten

Der Osten Kanadas besitzt Gegenden unberührter Natur in gigantischem Ausmaß. Dichte Wälder, Tundren- sowie Prärielandschaften prägen das Gebiet und besitzen gemeinsam mit den Großen Seen und dem Atlantik eine unglaubliche Artenvielfalt. In stiller Abgeschiedenheit und mit dem erforderlichen Respekt kann man den heimischen Tieren näherkommen.

Atemberaubende Panoramablicke

Eine Reise in Kanadas Osten verheißt grandiose Naturerlebnisse: Smaragdfarbene Seen, schimmernde Buchten, tannengrüne Wälder, fischreiche Flüsse, dramatische Wasserfälle, die Appalachian Mountains und die Atlantikküste warten darauf, von Besuchern entdeckt zu werden.

Events und Festivals

Der Sommer ist die Zeit der Festivals, doch die Kanadier feiern auch bei Eiseskälte. Neben großen Sommerevents wie dem Shaw Festival in Niagara-on-the-Lake hat jedes Dorf eigene Anlässe zum Feiern: Holzfällerwettbewerbe, Rodeos, Hummer-, Folklore- und Musikfeste.

Unterwegs

In der Georgian Bay der Provinz Ontario liegen Zehntausende von Inseln, die man gut mit dem Kanu erreichen kann; die große Bucht ist seit 2009 Biosphärenreservat der UNESCO

Ontario – großartige Naturschauspiele

Urwüchsige Wildnis neben vibrierenden Städten in den unendlichen Weiten der zweitgrößten Provinz des Landes

Wie viel Natur passt in eine Provinz? Können Zahlen das veranschaulichen? Ein Fünftel der Fläche Ontarios besteht aus mehr als 250 000 Seen, fast drei Viertel sind von Wäldern bedeckt. Auf jeden Einwohner Ontarios kommen 6500 Bäume – und obwohl die Provinz mit 14 Millionen Menschen die bevölkerungsreichste Kanadas ist, ist sie ausgesprochen dünn besiedelt.

Denn was für eine Weite! Auf mehr als eine Million Quadratkilometer erstreckt sich Ontario zwischen Hudson Bay im Norden und dem St.-Lorenz-Strom im Süden. Nachbarn sind die Provinzen Manitoba im Westen und (das flächenmäßig etwas größere) Québec im Osten sowie fünf Bundesstaaten der USA. Wanderer finden hier ein Netzwerk von Wegen, das sie durch die Landschaft führt. Auf den zahlreichen Flüssen und Seen können Kanuten dahingleiten und Angler ihr Glück versuchen.

In diesem Kapitel:

ADAC Top Tipps:

1 CN Tower
| Aussicht |
Mehr als zwei Millionen Besucher zählt der CN Tower jedes Jahr – und ist damit zwar auch Fernsehturm, aber vor allem Torontos beliebtestes Wahrzeichen. Mit Glasfahrstühlen geht es hinauf bis kurz unterhalb des Antennenmastes. 19

2 Rideau Canal
| Wasserweg |
Im Sommer tummeln sich auf dem 200 km langen System aus Kanälen, Flüssen und Seen zahllose Bootsfahrer, im Winter Schlittschuhläufer auf dem Eis. 29

3 Manitoulin Island

| Insel |

Den Ureinwohnern Kanadas gilt das Eiland im Huronsee als geheiligtes Gebiet. Besucher genießen die reizvolle Urtümlichkeit der größten Binnenseeinsel der Welt. 33

ADAC Empfehlungen:

1 Distillery District

| Stadtviertel |

Wo früher Hochprozentiges in Flaschen gefüllt wurde, locken heute Galerien und Cafés. 19

2 Canadian Canoe Museum

| Museum |

Das einzige Museum in Nordamerika, das auf Kanus spezialisiert ist. Es enthält über 600 Kajaks und Kanus. 24

3 Amherstburg Freedom Museum

| Museum |

Gezeigt wird die Geschichte des Fluchthilfe-Netzwerks »Underground Railroad«, das im 19. Jh. schwarzen Sklaven bei der Flucht aus den USA nach Kanada half. 28

4 Fort Henry National Historic Site

| Festung |

Die Festung aus dem 19. Jh. thront über der Stadt Kingston und zählt zum UNESCO-Weltkulturerbe. 29

5 ByWard Market

| Markt |

Tagsüber warten Bauern und Händler auf interessierte Käufer, abends wird der Markt zu einem angesagten Treffpunkt Ottawas. 33

6 Ste-Marie among the Hurons

| Freilichtmuseum |

Einst lebten hier Missionare der Jesuiten friedlich mit Huronen zusammen. Heute ist das ehemalige Palisadendorf ein Museum. 33

7 Dynamic Earth

| Museum |

Mit einem gläsernen Fahrstuhl geht es im Museum für Bergbau und Geologie 22 m in die Tiefe. 34

8 Cochrane Polar Bear Habitat

| Naturgehege |

In dem großen Naturgehege finden verletzte, verwaiste und misshandelte Eisbären Schutz und werden hier gesund gepflegt. 35

9 Fairmont Château Laurier

| Hotel |

Das 1912 erbaute Luxushotel im Herzen Ottawas ist ein markantes Wahrzeichen der Stadt. 37

1 Toronto

Eine multikulturelle Schönheit will hoch hinaus

Über den Hochhäusern erhebt sich das Wahrzeichen Torontos: der CN Tower

i Information

- Ontario Travel Information Centre – Toronto, 65 Front Street West, Toronto, Ontario, Tel. 416/314 58 99, www.ontariotravel.net, Mo–Sa 9–18, So 10–18 Uhr
- Parken: siehe S. 23

Nicht nur eine der schönsten Metropolen der Welt, sondern auch eine der multikulturellsten: Toronto ist mit 2,6 Millionen Einwohnern die größte Stadt Kanadas sowie Hauptstadt der Provinz Ontario und bekannt für seine Offenheit. Der Ausdruck »Canada's Downtown« passt perfekt, in dieser Stadt trifft sich die Welt. Das hat kulinarische Konsequenzen: Man kann sich quasi einmal um die Welt essen – und dann noch mal eine Ehrenrunde mit Länder-Mix-Gerichten drehen.

Toronto ist Finanzzentrum des Landes, das macht sich auch in der Architektur bemerkbar: Allein in Downtown gibt es mehr als 100 Wolkenkratzer, die höher sind als 100 m – nach New York City die zweithöchste Anzahl an Hochhäusern in Nordamerika.

Die Yonge Street ist eine der wichtigsten Straßen der Stadt. Dort, wo sie und das Wasser des Ontariosees aufeinandertreffen, lädt die Harbourfront mit den Piers und den Yachthäfen zum Verweilen ein. Am Queens Quay legen die Boote für Hafenrundfahrten und zu den Toronto Islands ab.

Plan S. 20/21

Sehenswert

1 Rogers Centre

| Arena |

Die 54 000 Plätze fassende Arena, Heimat der Blue Jays (Baseball) und der Argonauts (Canadian Football), besaß als erste Sportarena der Welt ein komplett zurückfahrbares Dach.

■ 1 Blue Jays Way, Tel. 416/341 10 00, www.boxoffice-tickets.com

2 CN Tower

| Aussicht |

1 *Mit Glasfahrstühlen auf Amerikas höchstes frei stehendes Bauwerk*

Torontos prominenteste Touristenattraktion und höchstes freistehendes Bauwerk (553 m) des amerikanischen Doppelkontinents. Jedes Jahr fahren zwei Millionen Besucher hinauf zum Drehrestaurant, zu den Aussichtsplattformen auf 342 und 346 m Höhe und zum »SkyPod« unterhalb des Antennenmastes auf einer Höhe von 447 m. Ganz Schwindelfreie wagen den 20-minütigen Rundgang »EdgeWalk« im Freien in 356 m Höhe.

■ 301 Front Street West, www.cntower.ca, Observation Decks tgl. 8.30–23 Uhr

3 Scotiabank Arena

| Arena |

Neben Konzerten und Theatervorführungen auch Heimspielarena der Basketballmannschaft Toronto Raptors und der Eishockeymannschaft Toronto Maple Leafs.

■ 40 Bay Street, Tel. 416/815 55 00, www.scotiabankarena.com

4 Roy Thomson Hall

| Konzertsaal |

Dieser Konzertsaal, außen mit glänzender Glasfassade, ist die Heimat des Toronto Symphony Orchestra.

■ 60 Simcoe Street, Tel. 416/872 42 55, www.roythomsonhall.com

5 Distillery District

| Stadtviertel |

1 *Gefragte Fußgängerzone in einer ehemaligen Whiskybrennerei*

Einst wurde hier Hochprozentiges destilliert, heute bilden 44 rote Ziegelgebäude des 19. Jh. eine einladende Fußgängerzone mit Kopfsteinpflaster und ausgefallenen Geschäften.

■ www.thedistillerydistrict.com

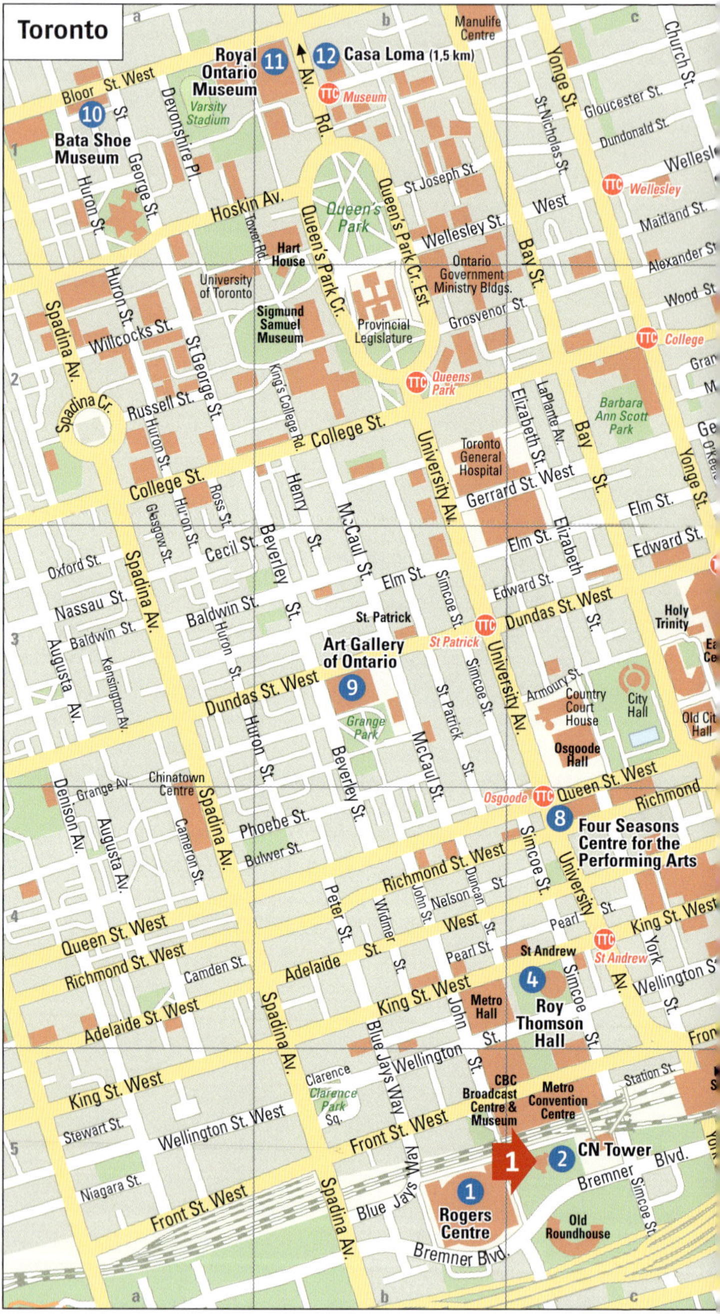
Toronto
a
b
c
Royal Ontario Museum
11
12
Casa Loma (1,5 km)
Manulife Centre
Bloor St. West
10
Bata Shoe Museum
Museum
Varsity Stadium
Devonshire Pl.
St. George St.
Huron St.
Av. Rd.
Yonge St.
St Nicholas St.
Gloucester St.
Dundonald St.
Church St.
Wellesley
Wellesley St. West
Maitland St.
Alexander St.
Wood St.
College
Hoskin Av.
Tower Rd.
Hart House
Queen's Park
Queen's Park Cr.
Queen's Park Cr. Est
St Joseph St.
Ontario Government Ministry Bldgs.
Grosvenor St.
Bay St.
University of Toronto
Sigmund Samuel Museum
Provincial Legislature
Queens Park
Spadina Av.
Willcocks St.
Spadina Cr.
Russell St.
King's College Rd.
College St.
University Av.
Elizabeth St.
LaPlante Av.
Barbara Ann Scott Park
Toronto General Hospital
Gerrard St. West
Elm St.
Edward St.
Ross St.
Glasgow St.
Henry St.
McCaul St.
Beverley St.
Cecil St.
Oxford St.
Nassau St.
Baldwin St.
Augusta Av.
Kensington Av.
St. Patrick
Art Gallery of Ontario
9
Grange Park
Simcoe St.
Dundas St. West
Armoury St.
Country Court House
City Hall
Holy Trinity
Old City Hall
Osgoode Hall
Osgoode
Queen St. West
Richmond
8
Four Seasons Centre for the Performing Arts
Denison Av.
Grange Av.
Chinatown Centre
Cameron St.
Phoebe St.
Bulwer St.
Richmond St. West
John St.
Nelson St.
Duncan St.
Peter St.
Widmer St.
Pearl St.
King St. West
St Andrew
York St.
Wellington St.
Queen St. West
Camden St.
Adelaide St. West
4
Metro Hall
Roy Thomson Hall
Blue Jays Way
Clarence Park Sq.
Station St.
CBC Broadcast Centre & Museum
Metro Convention Centre
Stewart St.
Wellington St. West
Front St. West
1
2
CN Tower
Bremner Blvd.
Niagara St.
Rogers Centre
Old Roundhouse
1
2
3
4
5

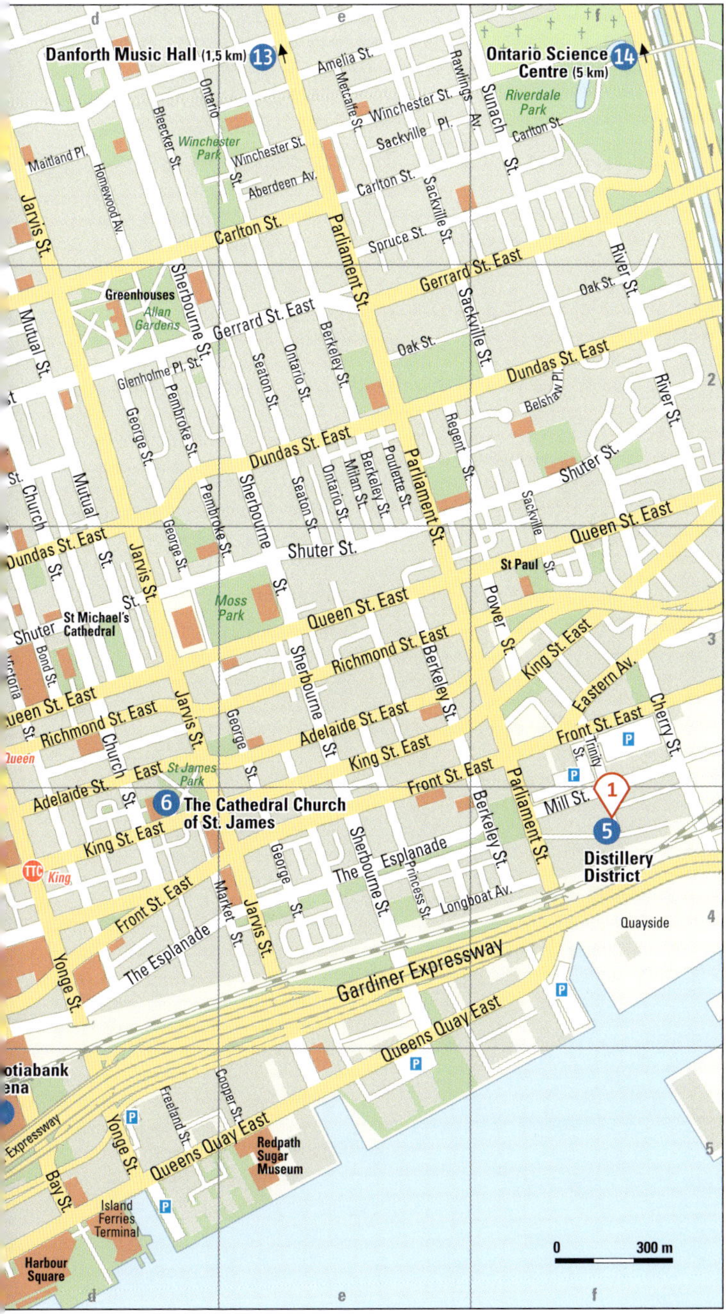
Danforth Music Hall (1,5 km) 13
Ontario Science Centre (5 km) 14
Riverdale Park
Winchester Park
Greenhouses
Allan Gardens
Moss Park
St Michael's Cathedral
6 The Cathedral Church of St. James
St James Park
5 Distillery District
Quayside
Redpath Sugar Museum
Island Ferries Terminal
Harbour Square
Scotiabank Arena
Gardiner Expressway
Queens Quay East
Dundas St. East
Queen St. East
King St. East
Front St. East
Gerrard St. East
Carlton St.
Parliament St.
Sherbourne St.
Jarvis St.
Yonge St.
0 300 m

6 The Cathedral Church of St. James

| Kirche |

Mit knapp 93 m höchster Kirchenbau Torontos. Die 1844 fertiggestellte anglikanische Kirche gehört zur ältesten Kirchengemeinde der Stadt.

■ 106 King Street East, Tel. 416/364 78 65, www.stjamescathedral.ca, Mo–Fr, So 7–17.30, Sa 9–17.30 Uhr

7 Massey Hall

| Konzertsaal |

Der Konzertsaal ist ein Wahrzeichen Torontos. Seine Akustik und die neoklassizistische Architektur beeindrucken seit 125 Jahren.

■ 178 Victoria Street, Tel. 416/872 42 55, www.masseyhall.com

8 Four Seasons Centre for the Performing Arts

| Opernhaus |

In diesem über 2000 Sitze fassenden Opernhaus treten das Kanadische Nationalballett und die Canadian Opera Company auf.

■ 145 Queen Street West, Tel. 416/363 82 31, www.coc.ca

9 Art Gallery of Ontario

| Museum |

Mit den Schwerpunkten kanadische und europäische Malerei sowie Skulpturen von Henry Moore ist es eines der größten Kunstmuseen Nordamerikas.

■ 317 Dundas Street West, Tel 416/979 66 48, www.ago.ca, Di, Do 10.30–17, Mi, Fr bis 21, Sa, So bis 17.30 Uhr

10 Bata Shoe Museum

| Museum |

Im Gebäude, das aussieht wie eine Schuhschachtel, sind 12 000 Fußbekleidungen jeglicher Art zu sehen: von altägyptischen Sandalen über verrückte High Heels bis hin zu Elton Johns Showstiefeln.

■ 327 Bloor Street West, Tel. 416/979 77 99, www.batashoemuseum.ca, Mo–Mi, Fr, Sa 10–17, Do bis 20, So 12–17 Uhr

ADAC *Spartipp*

Mit dem **CityPASS** kann man bei fünf der beliebtesten Attraktionen Torontos etwa 40 Prozent sparen und die Warteschlangen vermeiden. Er beinhaltet den Eintritt zu: CN Tower, Royal Ontario Museum, Casa Loma, Ripley's Aquarium und dem Toronto Zoo oder dem Ontario Science Centre.
www.citypass.com

11 Royal Ontario Museum

| Museum |

Kanadas größtes Museum für Weltkulturen und Naturkunde. Es beinhaltet Sammlungen zur Naturwissenschaft, Archäologie, Kunst- und Kulturgeschichte sowie zu den First Nations.

■ 100 Queens Park, Tel. 416/586 80 00, www.rom.on.ca, tgl. 10–17.30 Uhr

12 Casa Loma

| Stadtschloss |

Das vom kanadischen Finanzier Henry Pellatt 1914 als Privathaus erbaute Stadtschloss verfügt über elegante Räume und üppige Gärten.

■ 1 Austin Terrace, Tel. 416/923 11 71, www.casaloma.ca, tgl. 9.30–17 Uhr

13 Danforth Music Hall

| Veranstaltungsort |

Legendäres Konzerthaus; neben dem Staraufgebot ist das Beste an der »D-Hall« der schräge Boden, der eine gute Sicht ermöglicht.

■ 147 Danforth Avenue, Tel. 416/778 81 63, www.thedanforth.com, Tickets an der Abendkasse oder online

14 Ontario Science Centre
| Museum |

Wunder der Wissenschaft und der Technik: Hier gibt es interaktive Exponate – von einer haarsträubenden elektrischen Kugel bis zur Nachbildung eines Regenwaldes.
■ 770 Don Mills Road, North York, Tel. 416/696 10 00, www.ontariosciencecentre.ca, So–Do 10–17, Sa bis 20 Uhr

P Parken

Parken entlang der Toronto Harbourfront ist für eine nordamerikanische Großstadt mit 12 bis 16 CAD für einen ganzen Tag nicht sündhaft teuer. Gute Parkhäuser sind am Fuße der Spadina Avenue (Untergrund) oder gegenüber von Pier 4 (Hochgarage). Bestes Parkhaus: **Spadina Pier Garage** (Lot P6) gleich am Anfang der Harbourfront. ■ 539 Queens Quay West, Tel. 647/494 42 27

Restaurants

€ | **Kupfert & Kim** Vor allem bei jungen Leuten angesagtes vegetarisches Restaurant mit koreanisch-kanadischer

ADAC *Mobil*

City Sightseeing Toronto ermöglicht mit Hop-on-hop-off-Bussen die Wahl zwischen 24 Haltestellen, das Ticket ist bis zu sieben Tage gültig. **Gray Line Toronto** bietet zu den Touren in Toronto Ausflüge nach Niagara und Ottawa. *www.city-sightseeing.com, www.grayline.com*

Der Architekt Daniel Libeskind entwarf den Anbau des Royal Ontario Museum

Küche. ■ 140 Spadina Avenue, Tel. 416/504 22 06, www.kupfertandkim.com, Mo–Fr 8–22, Sa 9–22, So 9–21 Uhr

€€ | **Toulà** Im 38. Stock des Westin Harbour Castle gelegen, mit Blick auf den Ontariosee, bietet Toulà italienische Küche und mehr als 300 Weine. ■ 1 Harbour Square, Tel. 416/777 20 02, www.toularestaurant.com, tgl. 12–15 und 17–22.30/23 Uhr

Einkaufen

St. Lawrence Market Ältester und schönster Markt der Stadt. Im 1845 erbauten South Market bieten mehr als 50 Käse-, Feinkost-, Fisch- und Fleischhändler sowie Bäckereien ihre Produkte an. Im North Market lohnen am Samstag ein Bauernmarkt (5–15 Uhr),

ADAC *Spartipp*

Für Aufenthalte, die länger als ein paar Tage dauern, lohnt sich der Kauf der Wertkarte **Presto**. Inhaber der Karte zahlen einen reduzierten Preis für Einzelfahrten mit dem OC Transpo, den öffentlichen Verkehrsmitteln in Ontario, speziell in Greater Toronto, Hamilton und Ottawa. *www.prestocard.ca*

am Sonntag ein Antiquitätenmarkt (5–17 Uhr) das frühe Aufstehen. ■ 93 Front Street East, Tel. 416/392 72 19, www.stlawrencemarket.com, South Market: Di–Do 8–18, Fr bis 19, Sa 5–17 Uhr

Yonge Street Corridor Viele exklusive Einkaufsmöglichkeiten sowie kulturelle Veranstaltungen auf dem Yonge-Dundas Square. ■ www.ydsquare.ca

Kneipen, Bars und Clubs

Hoof Cocktail Bar Die Atmosphäre ist elegant, die Gäste sind ausgelassen. Den »Hoof Manhattan« sollte man probieren. ■ 923 Dundas Street West, Tel. 416/792 75 11, www.hoofcocktailbar.com, tgl. 18.30–2 Uhr

The Rex Torontos ältester Jazzclub ist mit 80 Shows pro Monat Bühne für die besten kanadischen und internationalen Musiker. ■ 194 Queen Street West, Tel. 416/598 24 75, www.therex.ca

Kinder

Canada's Wonderland 70 Fahrgeschäfte und der riesige Wasserpark Splash Works sorgen für Nervenkitzel. ■ 1 Canada's Wonderland Drive, Vaughan, www.canadaswonderland.com, Juni–Aug. tgl. 10–22 Uhr, Mai, Sept., Okt. nur Wochenende, verkürzte Öffnungszeiten

Ripley's Aquarium Im größten Indoor-Aquarium des Landes sind u.a. Haie, Stachelrochen und viele farbenfrohe Fische zu Hause. ■ 288 Bremner Boulevard, Tel. 647/351 34 74, www.ripleyaquariums.com, tgl. 9–23 Uhr

Toronto Zoo Der drittgrößte Zoo der Welt mit mehr als 10 km Fußwegen beherbergt 5000 Tiere und 460 Arten. ■ 2000 Meadowvale Road, Tel. 416/392 59 00, www.torontozoo.com, Mai–Sept. Fr–Mi 9–19, Do 9–21, Sept.–Mitte Okt. Mo–Fr 9.30–16.30, Sa, So bis 18, Mitte Okt.–Ende Dez. tgl. 9.30–16.30 Uhr

Events

Toronto Caribbean Carnival Feier der karibischen Kultur mehrere Wochen im Juli und August. Am Ende gibt es eine Parade, die in Nordamerika die größte ihrer Art ist. ■ www.torontocarnival.ca

In der Umgebung

2 **Canadian Canoe Museum** Dieses Museum in Peterborough, früher einer der Hauptorte des Kanubaus, zeigt mehr als 600 Kanus und Kajaks, darunter auch seltene Birkenrindenkanus. Wer mag, kann in einem Kurs sein eigenes Paddel schnitzen. ■ 910 Monaghan Road, Peterborough, Tel. 705/748 91 53, www.canoemuseum.ca, Mo–Mi, Fr, Sa 10–17, Do bis 20, So 12–17; Do ab 17 Uhr Eintritt frei

ADAC *Wussten Sie schon?*

Wer von Kanada aus als europäischer Besucher über die **Rainbow Bridge** auf die US-Seite spazieren will, muss durch eine Passkontrolle. Auf jeden Fall also den Reisepass nicht vergessen.

2 Niagara Falls

Schwesterstädte am Rand der wilden Niagarafälle

Information

■ Niagara Falls Tourism, 6815 Stanley Avenue, Niagara Falls, Ontario, Tel. 905/356 60 61, www.niagarafallstourism.com

Man hört den Trommelwirbel der Wassermassen, lange bevor man an einem der steilen Flussufer steht. Ein Schleier vom aufgewirbelten Wasser liegt in der Luft, erfrischt im Sommer und macht kalte Winter noch kälter. Die Niagarafälle gehören zu den größten Wasserfällen der Erde. An drei Stellen stürzt der Niagara River, der Erie- und Ontariosee miteinander verbindet, dramatisch in die Tiefe; auf kanadischer Seite über die 675 m breiten Horseshoe Falls, auf US-Seite über die zusammen 328 m breiten American Falls und Bridal Veil Falls.
Nachts sind die Fälle rot und blau sowie grün und orange illuminiert. Seit 1925 ist dieses Farbenspiel zu bestaunen. Doch ein mystischer Ort, so wie die Indianer das Naturwunder sahen, ist es längst nicht mehr. Heute liegen die Fälle, die pro Jahr über 14 Millionen Besucher anlocken, direkt im Zentrum der Schwesterstädte Niagara Falls (mit 82 000 Einwohnern auf der kanadischen und 54 000 auf der US-Seite). Das Stadtbild besteht zum größten Teil aus Hotelhochhäusern, Souvenir-Shops, Casinos, Aussichtstürmen und Vergnügungsparks.
Schon seit 1846 fahren die »Maid of the Mist«-Boote auf dem Fluss zu den Fällen. Die blauen Regenponchos sind im Preis der Bootsfahrt inbegriffen und ein hübsches Souvenir. Die kanadischen Niagara Parks (www.niagara parks.com) sowie der US-amerikanische Niagara Falls State Park (www.niagarafallsstatepark.com) sorgen dafür, dass man die Wasserfälle auch wirklich aus allen möglichen Perspektiven erleben kann.

90 Prozent des Wassers des Niagara River fließen über die Horseshoe Falls

Restaurants

€ | **Flying Saucer** Zwei Gebäude in der Form fliegender Untertassen, in denen solide Gerichte serviert werden. Es ist einfach Kult. ■ 6768 Lundy's Lane, Tel. 905/356 45 53, So–Do 6–1, Fr, Sa bis 2 Uhr

Erlebnisse

Hornblower Niagara Cruises Bootstour, auf der man die Fälle aus nächster

Nähe erlebt, und den Poncho gibt es bei der Buchung gleich mit dazu. ■ 5920 Niagara Parkway, Tel. 905/642 42 72, www.niagaracruises.com

Niagara Helicopters Die Fälle aus der Vogelperspektive erleben – einfach spektakulär! ■ 3731 Victoria Avenue, Tel. 905/357 56 72, www.toniagara.com

Skylon Tower Von der Aussichtsplattform hat man einen Überblick über die gesamten Niagarafälle. ■ 5200 Robinson Street, Tel. 905/356 26 51, www.skylon.com, tgl. 8–24 Uhr

Whirlpool Aero Car Luftseilbahn, die das fast kreisförmige Wirbelbecken der Whirlpool Rapids 4 km nördlich der Niagarafälle im Niagara River überquert. ■ 3850 Niagara Parkway, Tel. 877/642 72 75, www.niagaraparks.com

White Water Walk 300 m langer Weg über Holzstege direkt entlang der Stromschnellen unterhalb der Fälle. ■ 4330 River Road, Tel. 905/374 12 21, www.niagaraparks.com

WildPlay MistRider Zipline to the Falls Diese vier parallel laufenden, 670 m langen Seilrutschen mit Blick auf die kanadische und US-amerikanische Seite der Niagarafälle sind ein Nervenkitzel. ■ 5920 Niagara Parkway, www.niagarafalls.wildplay.com

3 Niagara-on-the-Lake

Schmuckes Örtchen zwischen den Weinbergen

Information

■ Chamber of Commerce Visitor Information Centre, 26 Queen Street, Niagara-on-the-Lake, Ontario, Tel. 905/468 19 50, www.niagaraonthelake.com, Mitte Mai–Mitte Okt. 10–18, Okt.–Mai bis 17 Uhr

Niagara-on-the-Lake präsentiert sich inmitten von malerischen Weinbergen als perfekte Destination für Genießer. Ein mildes Klima und gute Böden bringen qualitativ hochwertige Weine hervor. Bei 40 verschiedenen Weingütern fällt die Entscheidung des Weinfreundes nach dem »Wohin« schwer. Zentrum des wohlhabenden Ortes ist die hübsche, baumbestandene Queen Street, in der sich kleine Läden mit lokalen Produkten, Modeboutiquen und Cafés aneinanderreihen.

Sehenswert

Fort George

| Freilichtmuseum |

Etwas außerhalb der Stadt liegt diese Festung, die im 19. Jh. Schutz vor den Amerikanern bot. Das ehemalige Fort ist heute ein Freilichtmuseum.

■ 51 Queen's Parade, Tel. 905/468 66 14, www.pc.gc.ca, tgl. 10–17 Uhr

Verkehrsmittel

WEGO Niagara Falls Das Hop-on-hop-off-Transportsystem verbindet 27 Unterkünfte und Attraktionen in Niagara Falls und Niagara-on-the-Lake mit Bussen. ■ Tel. 905/356 11 79, www.wegoniagarafalls.com

ADAC *Mobil*

Geführte Weintouren sind eine gute Möglichkeit, die Gegend zu erkunden und sich zu den besten Weingütern der Region chauffieren zu lassen. Bewährte Anbieter sind Grape Escape Wine Tours oder Niagara Wine Tours International. *www.tourniagarawineries.com, www.niagaraworldwinetours.com*

Restaurants

€ | **Niagara Oast House Brewers** Cooler Shabby Chic, im dazugehörigen Brushfire Smoke Restaurant flackert das Feuer beim BBQ. ■ 2017 Niagara Stone Road, Tel. 289/868 96 27, www.oasthousebrewers.com, Mo, Di 10–21, Mi, Do, So bis 22, Fr, Sa bis 24 Uhr

4 Kitchener/ Waterloo

Zwischen Bierzelt und Schweinshaxe: auf den Spuren deutscher Einwanderer

Information

■ Kitchener Welcome Centre, 200 King Street West, Kitchener, Ontario, Tel. 519/741 23 45, www. kitchener.ca, Mo–Fr 8.30–17 Uhr

Jedes Jahr im Oktober heißt es schon seit 1969 »O'zapft is!« auf Canada's Greatest Bavarian Festival in den Zwillingsstädten Kitchener und Waterloo. Diese Region hat tiefe deutsche Wurzeln, viele Einwohner sind stolz darauf, dieses Erbe zu pflegen. Die Besucher freuen sich auf verschiedene Biersorten, Musikevents, Tanzveranstaltungen und kulinarische Genüsse. Das Festival-Maskottchen heißt »Onkel Hans«, es trägt Filzhut und Lederhose.

Die 525 000 Einwohner zählende Metropole ist heute vor allem als Hauptquartier zahlreicher Versicherungsgesellschaften bekannt. Ursprünglich eine Mennoniten-Siedlung, erhielt sie 1833 den Namen Berlin und wurde heimliche Hauptstadt der Deutschen in Kanada. Während des Ersten Weltkriegs wurde die Stadt 1916 nach einer von vielen Bewohnern boykottierten Volksabstimmung umbenannt. Namensgeber war der britische Kriegsminister Herbert Kitchener. Eine Initiative in den 1990er-Jahren, den Ort wieder Berlin zu nennen, fand keine Mehrheit.

In Niagara-on-the-Lake gibt es imposante viktorianische Hotels

Sehenswert

Waterloo Region Museum
| **Museum** |
Das moderne Museum für Regionalgeschichte ist zugleich Eingangsgebäude für das Doon Heritage Village, eine nachgebaute Pioniersiedlung, in der Freiwillige in Kostümen das Leben Anfang des letzten Jahrhunderts erklären und darstellen.

■ 10 Huron Road, Kitchener, Tel. 519/748 19 14, www.waterlooregionmuseum.ca, Mai–Sept. tgl. 9.30–17, sonst Mo–Fr 9.30–17, Sa, So 11–17 Uhr

Restaurants

€€ | **The Bauer Kitchen** Trendiges Bistro mit herzhafter Küche. Empfehlenswert: Pizza »The Yukon« mit geräuchertem Lachs und Yukon-Kartoffeln. ■ 187 King Street South, Waterloo, Tel. 519/772 07 90, www.thebauerkitchen.ca, Mo, Di 11–23, Mi, Do bis 24, Fr bis 1, Sa 10–1, So 10–23 Uhr

5 Windsor

Stadt ohne Schnörkel direkt an der Grenze zu den USA

Information

■ Tourism Windsor Essex Pelee Island, 333 Riverside Drive West, Windsor, Ontario, Tel. 519/255 65 30, www.visitwindsoressex.com, Mo–Fr 8.30–16.30 Uhr

Windsor ist die südlichste Stadt Kanadas und liegt direkt an der Grenze zu den USA, nur durch einen Fluss von Detroit getrennt. Entlang der Ouellette Avenue sind viele »Farm-to-table«-Restaurants, innovative Mikrobrauereien und auch witzige Pubs zu finden, die vor allem von den 16 000 Studenten der University of Windsor gern frequentiert werden. Die Promenade am Detroit River lädt zum Radfahren, Skaten und Flanieren ein. Über das Jahr locken kulturelle und sportliche Events – vom Erdbeerfest über Musik- und Filmfestivals bis hin zum Bier- und Whiskyfest. Außerdem sehr beliebt bei Besuchern sind das Caesars Windsor, ein 9290 m² großes Casino mit Hotel, das Stadtviertel Little Italy, der frei zugängliche Odette-Skulpturenpark am Flussufer sowie der Ojibway Park, ein naturbelassener Erholungspark.

Sehenswert

Amherstburg Freedom Museum
| **Museum** |

3 *Mutige Hilfe auf dem Weg in die ersehnte Freiheit*

Erzählt wird die spannende Geschichte der »Underground Railroad«, der Fluchthelfer-Organisation von Freiwilligen, die schwarzen Sklaven aus den USA in die kanadische Freiheit half.

■ 277 King Street, www.amherstburgfreedom.org, Di–Fr 12–17, Sa, So 13–17 Uhr

Art Gallery of Windsor
| **Kunstgalerie** |

Präsentation und wechselnde Ausstellungen lokaler, regionaler und nationaler Künstler; eine wichtige Sammlung kanadischer Kunst.

■ 401 Riverside Drive West, Tel. 519/977 00 13, www.agw.ca, Mi–So 11–17 Uhr

Restaurants

€–€€ | **Rino's Kitchen & Ale House** Solide Gerichte aus frischen regionalen Zutaten in historischem Ambiente. Die idyllische Gartenterrasse ist eine Oase der Ruhe. ■ 131 Elliott Street West, Tel. 519/962 88 43, www.rinoskitchen.com, Di–Sa 11–23 Uhr

6 Kingston

Über Kopfsteinpflaster durch die historische Kulisse der ersten Hauptstadt

Information

■ Kingston Visitors Information Centre, 209 Ontario Street, Kingston, Ontario, Tel. 613/548 44 15, www.visitkingston.ca, Mai–Juni So–Mi 9.30–18, Do–Sa 9.30–19, sonst 9/9.30/10–16/17/20/21 Uhr

Von 1841 bis 1844 war das schmucke Hafenstädtchen an der Mündung von Ontariosee und St.-Lorenz-Strom Hauptstadt der vereinigten Kolonien von Kanada – dem Vorgänger des heutigen Staates. Kingston ist zugleich eine der ältesten Städte des Landes. Auf der Fläche des Mississauga-Indianerdorfes Cataraqui entstand 1673 als Siedlung von Europäern das französische Fort Frontenac, das spätere King's Town.

Noch im frühen 20. Jh. war Kingston eine wichtige Hafenstadt an den Großen Seen mit bedeutendem Schiff- sowie Lokomotivenbau. Mittlerweile ist diese Schwerindustrie weitgehend verschwunden. Auf dem Marktplatz vor dem Rathaus stellen Bauern und Künstler im Sommer ihre bunten Stände auf. Auch das hat Geschichte: Hier fand 1780 der erste Bauernmarkt Kanadas statt. In Kingston wurde das erste große Gefängnis des Landes gebaut, die erste anglikanische Kirche eröffnet, die erste Zeitung gedruckt und die heute älteste Universität gegründet.

Sehenswert

Rideau Canal

| Wasserweg |

2 *Historischer Wasserweg – zu jeder Jahreszeit attraktiv*

Seit mehr als 180 Jahren verbindet der Wasserweg Kingston mit Ottawa. Im Sommer ist der zum UNESCO-Weltkulturerbe ernannte Kanal ein Eldorado für Bootsfahrer, im Winter ein Paradies für Schlittschuhläufer mit der längsten Eisbahn (7,8 km) der Welt.

Fort Henry National Historic Site

| Festung |

4 *Mächtige Bastion auf einem Hügel über der Stadt*

Die mächtige Bastion (1814) gehört zum UNESCO-Weltkulturerbe. Im Fort waren einst 400 Mann stationiert, heute führen Soldaten der Militärakademie das Kommando.

■ 1 Fort Henry Drive, Tel. 613/542 73 88, www.forthenry.com, Mai–Sept. tgl. 9.45–17, Sept., Okt. tgl. 10–16 Uhr

Backsteinhäuser säumen die Straße zum prächtigen Rathaus mit Renaissance-Kuppel

7 Ottawa

Die grüne Hauptstadt am Wasser

Auf dem Parliament Hill thronen die Gebäude des kanadischen Parlaments

i Information

- Capital Information Kiosk, 90 Wellington Street, Ottawa, Ontario, Tel. 844/878 83 33, www.ottawatourism.ca, Mai–Sept. 9–18, Sept.–Mai bis 17 Uhr
- Parken: siehe S. 32

Kapitale an der Grenze: Die kanadische Hauptstadt liegt auf der Sprachlinie zwischen Englisch- und Französisch-Kanada. Der breite Ottawa River, der die Metropole durchfließt, ist nicht nur stadtbildprägender Fluss, sondern auch Provinzgrenze Ontarios zum benachbarten Québec. Ottawa ist urbanes Leben an der Grenze zur Natur. Die kanadische Hauptstadt ist die einzige der Welt, in der man in einer halben Stunde mit dem Fahrrad in die Wildnis gelangen kann.

Centretown (oder Centre-Ville) heißt der moderne Part Ottawas. Hier leuchten die grünen Kupferdächer der Regierungsgebäude auf dem Parliament Hill, vor denen im Sommer allmorgendlich die Wachablösung stattfindet.

Im alten Stadtzentrum Lowertown (oder Bas-Ville) locken der ByWard Market sowie die angrenzenden Straßen mit Spezialitäten- und Souvenir-Shops – und abends zahlreiche Bars und Clubs. Im Stadtteil Rockcliffe Park mit seinen herrschaftlichen Villen auf parkähnlichen Grundstücken wohnt die High Society Ottawas.

Plan S. 32

Ob man den Rideau Canal im Ausflugsboot bis zum Dow's Lake hinabfährt oder lieber per Kajak unterwegs ist – auf dem Wasser lernt man Ottawa entspannt kennen. Wer lieber an Land bleibt, radelt auf dem 800 km langen Fahrradwegenetz der Region oder nimmt an einer der 75 Touren durch die Gärten der Stadt teil (Tel. 613/301 45 54, www.gardenpromenade.ca).

ADAC *Wussten Sie schon?*

Nach dem mongolischen Ulaanbaatar gilt Ottawa als die zweitkälteste Hauptstadt der Welt. Temperaturen von –40 °C sind im Winter hier keine Seltenheit.

Sehenswert

1 Canadian War Museum

| Museum |

Im Kanadischen Kriegsmuseum werden die Waffengänge dargestellt, an denen Kanada bis heute beteiligt war.

■ 1 Vimy Place, Tel. 819/776 86 00, www.warmuseum.ca, Fr–Mi 9.30–17, Do bis 20 Uhr

2 Aboriginal Experiences

| Museum |

Hier erfährt man mehr über die Kultur der Urvölker und kann im Rahmen des Programms »Aboriginal Voyageur« Geschichte aktiv im Kanu erleben.

■ 100 Middle Street, Tel. 613/838 55 58, www.indigenous-experiences.ca

3 Canadian Museum of History

| Museum |

Schwerpunkt der Ausstellungen im meistbesuchten Museum des Landes ist die Geschichte Kanadas seit der ersten Besiedlung.

■ 100 Laurier Street, Gatineau, Tel. 819/776 70 00, www.historymuseum.ca, Fr–Mi 9.30–17, Do bis 20 Uhr

4 National Gallery of Canada

| Museum |

Eines der führenden Kunstmuseen Kanadas mit einer umfangreichen Sammlung von Gemälden, Zeichnungen, Skulpturen und Fotografien, u.a. befinden sich hier einige der bekanntesten Arbeiten von Andy Warhol.

■ 380 Sussex Drive, Tel. 613/990 19 85, www.gallery.ca, Fr–Mi 10–18, Do bis 20 Uhr

5 Notre-Dame Cathedral Basilica

| Kirche |

Neugotische Hauptkirche des Erzbistums Ottawa mit schöner Innenausstattung.

■ 385 Sussex Drive, Tel. 613/241 74 96, www.notredameottawa.com

6 Bytown Museum

| Museum |

Hier erhält man interessante Einblicke in die Gründung Ottawas und das frühe Leben der Stadt.

■ 1 Canal Lane, Tel. 613/234 45 70, www.bytownmuseum.com, Juni–Sept. Fr–Mi 10–19, Do bis 20, Okt.–Mai Do–Mo 11–16 Uhr

7 National Arts Centre

| Veranstaltungsort |

Top-Adresse für darstellende Künste. Im Jahr 2006 wurde es zum National Historic Site erhoben.

■ 1 Elgin Street, Tel. 613/947 70 00, www.nac-cna.ca

P Parken

Auf allen Straßen Ottawas gilt eine Höchstparkdauer von drei Stunden (soweit nicht anders angegeben). Im Winter treten nachts vielerorts Parkverbote in Kraft. Während der Hauptverkehrszeit (7–9 und 15.30–17.30 Uhr) herrscht auf vielen Straßen der Innenstadt Park- und Halteverbot.

Restaurants

€ | Pure Kitchen Elgin In diesem vegetarischen Lokal ist alles bio und frisch: Suppen, Sandwiches, dazu Säfte, glutenfreies Bier und Cocktails. ■ 340 Elgin Street, Tel. 613/233 78 73, www.purekitchenottawa.com, Mo, Di 8–21, Mi–Fr bis 22, Sa 9–22, So 9–21 Uhr

€€ | Luxe Gute Steaks, nette Terrasse und direkt am ByWard Market gelegen. ■ 47 York Street, Tel. 613/241 88 05, www.luxebistro.com, Mo–Fr 11.30–22, Sa 9–14.30, 17–22.30, So 9–15, 17–21.30 Uhr

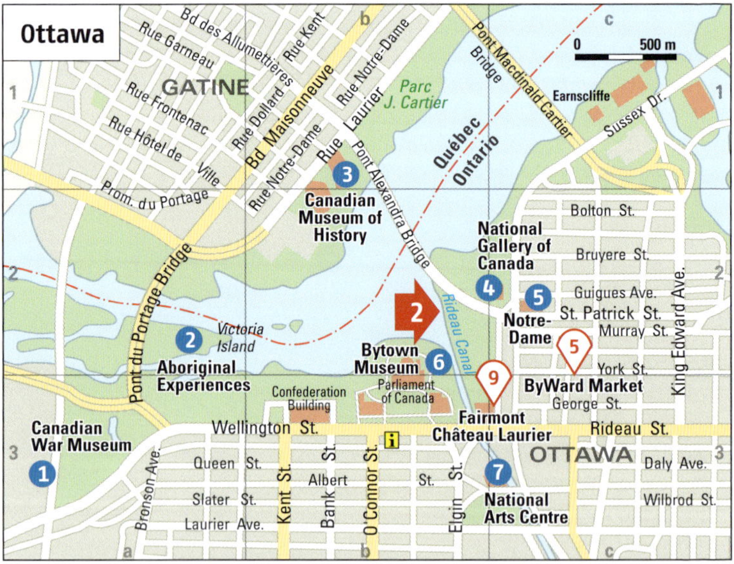

Einkaufen

5 **ByWard Market** Seit nahezu 200 Jahren bietet dieser beliebte Markt Kunsthandwerkern, Händlern und Bauern ganzjährig die Gelegenheit, ihre Waren und Spezialitäten zu verkaufen. Nur einen kurzen Fußweg vom Parliament Hill entfernt, wird der Markt abends zum beliebten Treffpunkt, um bei einem Drink und Livemusik den Tag ausklingen zu lassen.

Kinder

Kleine und große Kinder werden den **Calypso Theme Waterpark**, den größten Wasserthemenpark Kanadas, eine halbe Autostunde östlich der Stadt, lieben. ■ 2015 Calypso Street, Limoges, Tel. 613/443 99 95, www.calypsopark.com, Juni und Mitte Aug–Sept. tgl. 10–17, Ende Juni–Mitte Aug. 10–19 Uhr

8 Georgian Bay

Himmlische Natur in malerischer Schärenlandschaft von 30 000 Inseln

Information

■ Visitor Information Centre, 2 Bay Street, Parry Sound, Ontario, Tel. 877/746 44 66, www.parrysound.com, tgl. 10–18 Uhr

30 000 Inseln sollen es sein, die in der Südosthälfte der Georgian Bay des Huronsees eine Schärenlandschaft bilden. Winzige Felsinselchen neben großen, von dichtem Wald bewachsenen Eilanden, auf denen sich luxuriöse Anwesen ins Grün schmiegen.
Zur Zeit der ersten europäischen Einwanderer im 17. Jh. lebten entlang des Nord- und Ostufers der Bucht die Ojibwa und Ottawa, die sich selbst als Anishinabe bezeichneten. Die Wyandot (oder Huronen) und Haudenosaunee (oder Irokesen) besiedelten das Land südlich der Bucht. Heute erreicht man die kleinen Inseln am schnellsten mit dem Wasserflugzeug. In Parry Sound bietet Georgian Bay Airways (www.georgianbayairways.com) eine kleine Flotte von Wasserflugzeugen an.

Sehenswert

Manitoulin Island

| Insel |

3 *Mehr als 100 Seen auf der größten Binnenseeinsel der Welt*

Die größte Binnenseeinsel der Welt ist über eine ehemalige Eisenbahn-Drehbrücke aus dem Jahr 1913 mit dem Festland verbunden. In einer Landschaft von reizvoller Urtümlichkeit gibt es 108 Süßwasserseen und vier größere Flüsse, in denen sich Lachse und Forellen tummeln. Die Hälfte der 12 000 Menschen auf Manitoulin sind Ureinwohner. Ihnen gilt die Insel als geheiligtes Gebiet – in sechs Reservaten wird die Kultur und Tradition der First Nations noch gelebt. Jedes Jahr im August findet ein großes, mehrtägiges Pow Wow in Wikwemikong statt.
■ www.wiikwemkoong.ca

Ste-Marie among the Hurons

| Freilichtmuseum |

6 *Friedliches Miteinander von Missionaren und Ureinwohnern*

Seit Mitte des 17. Jh. bekehrten Jesuiten in einem Palisadendorf einheimische Huronen zum christlichen Glauben und lebten mit ihnen in einer Gemeinschaft. Jagd, Fischfang und eigene

Landwirtschaft ernährte alle. Ab 1649 nahmen die Angriffe anderer Irokesenstämme jedoch so zu, dass die Siedlung – heute ein Freilichtmuseum – aufgegeben werden musste.

■ 16164 Highway 12 East, Midland, Tel. 705/526 78 38, www.saintemarieamongthehurons.on.ca, Mai–Okt. tgl. 10–17 Uhr

Georgian Bay Islands National Park of Canada

| **Nationalpark** |

1929 gegründet, besteht dieser Nationalpark aus 63 kleinen Inseln. Das Landschaftsbild prägen vom Wind zerzauste Weymouth-Kiefern sowie kahle Felsen, welche die Künstler der »Group of Seven« zu Bildern inspirierten. Die Inseln sind nur mit dem eigenen Boot oder mit Wassertaxis zu erreichen, die in Honey Harbour am Highway 5 bereitliegen.

■ 901 Wye Valley Road, Midland, Tel. 705/526 89 07, www.pc.gc.ca

9 Greater Sudbury

Nickelhauptstadt mit zweithöchstem Schornstein der Welt

i Information

■ City of Greater Sudbury, 200 Brady Street, Sudbury, Ontario, Tel. 705/671 24 89, www.discoversudbury.ca, Mo–Fr 10–17 Uhr

Flächenmäßig ein Gigant (mit 3227 km² nach Halifax die zweitgrößte Stadt Kanadas mit mehr als 100 000 Einwohnern), wirtschaftlich ebenfalls von einiger Bedeutung. Greater Sudbury, meist nur Sudbury genannt, weist einige Superlative auf: Hier befindet sich der zweithöchste Schornstein der Erde und der höchste der westlichen Welt, der 381 m hohe Inco Superstack. Den Wohlstand der Stadt machen die Gold-, Silber-, Nickel-, Kobalt- und Platinvorkommen aus, die im Sudbury-Becken, einem Meteoritenkrater im Nordwesten des Stadtzentrums, ausgebeutet werden. Dem Nickel kommt dabei die größte Bedeutung zu: 80 Prozent der Weltproduktion werden hier abgebaut.

Sehenswert

Science North

| **Museum** |

Besucher betreten die Eingangshalle des Technikmuseums durch einen langen Tunnel, der in das uralte Gestein des kanadischen Schildes getrieben wurde. Im Höhlentheater gibt ein Film Eindruck von der Landschaft und Kultur Nord-Ontarios.

■ 100 Ramsey Lake Road, Tel. 705/522 37 01, www.sciencenorth.ca, Juni–Sept. tgl. 9–18, sonst 10–16 Uhr

Dynamic Earth

| **Museum** |

7 *Die Entstehung der Erde und die Geschichte des Bergbaus*

Das Museum thematisiert Bergbau und Geologie der Region. Man fährt mit einem gläsernen Fahrstuhl 22 m in die Tiefe und erlebt dabei in einer Multimediashow die geologische Geschichte der Erde. Auf die Bedeutung des Nickels für die Stadt weist auch das Wahrzeichen »The Big Nickel« hin, eine 9 m hohe Nachbildung der kanadischen 5-Cent-Münze, die oberhalb der Big Nickle Mine aufgestellt wurde.

■ 122 Big Nickle Road, Tel. 705/522 37 01, www.dynamicearth.ca, Juni–Sept. tgl. 9–18, sonst 10–16 Uhr

10 Cochrane

1000 Meilen Einsamkeit: das Tor zum Norden

Information

■ Town of Cochrane, 171 4th Avenue, Cochrane, Ontario, Tel. 705/272 42 61, www.cochraneontario.com, Juli, Aug. 8–16, Sept.–Juni Mo–Fr 8.30–16.30 Uhr

Das in den Wäldern des Kanadischen Schildes gelegene Städtchen entstand nach Goldfunden zu Beginn des 20. Jh. Bedeutung hat es weiterhin als Bahnstation, denn hier biegt die Ontario Northland Railway von der Ost-West-Trasse der Canadian National Railway in Richtung Norden zur James Bay ab. Cochrane ist ein wichtiger Umschlagplatz für Bodenschätze und Holzprodukte aus der Region sowie ein Zwischenstopp für Bergarbeiter, Jäger und Abenteuerurlauber.

Sehenswert

Cochrane Railway and Pioneer Museum

| Museum |

Besuchern wird die Bedeutung der Eisenbahn für die Erschließung der nordisch geprägten Weiten zwischen den Großen Seen und der James Bay vor Augen geführt.

■ 210 Railway Street, Tel. 705/272 43 61, www.museumsontario.ca, Mitte Juni–Mitte Sept. tgl. 8.30–20.30 Uhr

Verkehrsmittel

Die 1932 fertiggestellte, 300 km lange Eisenbahnstrecke nach Moosonee an der James Bay war lange die einzige

Badevergnügen für Mensch und Tier im Cochrane Polar Bear Habitat

Verkehrsverbindung ins nördliche Hinterland von Cochrane. Vier bis fünf Stunden dauert eine Fahrt mit dem legendären **Polar Bear Express.** ■ Tel. 705/272 42 28, www.ontarionorthland.ca

Erlebnisse

8 **Cochrane Polar Bear Habitat** Bärenfreunde können zusammen mit den größten Landraubtieren der Welt im Pool planschen. Gefährlich ist das nicht – eine Glasscheibe im Schwimmbecken sorgt für Abstand. In dem 2 ha großen Naturgehege werden verletzte oder verwaiste Eisbären aufgenommen und gesund gepflegt. Daneben befindet sich ein »Heritage Village«. ■ 1 Drury Park Road, Tel. 705/272 23 27, www.polarbearhabitat.ca, Sommer tgl. 8–20, Winter 9–17 Uhr

Übernachten

Die Provinz Ontario lädt zu Stadtbesichtigungen sowie Naturerlebnissen ein. Ob man sich von den ausgedehnten Wäldern und Seenlandschaften inspirieren lässt oder unvergessliche Urlaubstage in den attraktiven, belebten Metropolen verbringt: Hotels aller Kategorien finden Besucher sowohl in den großen Städten als auch in ländlicher Umgebung.

Toronto 18

€ | **McGill Inn B&B** Stilvolles Bed & Breakfast in einem viktorianischen Stadthaus im Herzen Torontos. ■ 110 McGill Street, Tel. 416/351 15 03, www.mcgillinnbb.info

€€ | **Hotel Ocho** Gepflegtes Haus in der Nähe des Entertainment District. ■ 195 Spadina Avenue, Tel. 416/593 08 85, www.hotelocho.com

€€–€€€ | **The Broadview Hotel** Nach seiner aufwändigen Renovierung ist das mehr als 100 Jahre alte Gebäude im Stadtteil Riverside nun ein attraktives Boutique-Hotel mit 58 Räumen. ■ 106 Broadview Avenue, Tel. 416/362 84 39, www.thebroadviewhotel.ca

Niagara Falls 25

€€ | **Travelodge Fallsview Hotel** Modernes und günstig gelegenes Haus mit Innenpool sowie Fitnesscenter. ■ 5599 River Road, Tel. 905/354 27 27, www.wyndhamhotels.com

€€–€€€ | **Niagara Falls Marriott Fallsview Hotel & Spa** Hochhaushotel mit Panoramablick auf die Niagarafälle. Highlight ist das hoteleigene Spa mit Whirlpools, Sauna, Dampfbad, Fitnessclub und Sonnenterrasse. ■ 6740 Fallsview Boulevard, Tel. 905/357 73 00, www.niagarafallsmarriott.com

Niagara-on-the-Lake 26

€€ | **Historic Davy House B&B Inn** Komfortables, heimeliges Bed & Breakfast im historischen Ortsteil, sehr gutes Frühstück, Whirlpool im Garten und aufmerksame Gastgeber inklusive. ■ 230 Davy Street, Tel. 905/468 53 07, www.davyhouse.com

Kitchener/Waterloo 27

€€ | **1842 Bed & Breakfast** In der ehemaligen Sägemühle mennonitischer Siedler hat Glaskünstler Allan Ryan sein Atelier und ein gemütliches B&B eingerichtet. ■ 11842 Sawmill Road, Conestogo, Tel. 519/664 02 89, www.ryanartsbnb.com

€€ | **Forest Hill B&B** Stadtnah und doch im Grünen liegt das einladende Bed & Breakfast in einem Wohnhaus im Frank-Lloyd-Wright-Stil. ■ 78 Forest Hill Drive, Tel. 519/748-9403, www.foresthillbandb.com

Windsor 28

€€ | **Best Western Plus Waterfront Hotel** Helle Zimmer mit großen Fenstern, die einen beeindruckenden Blick auf den Fluss und Detroit bieten. ■ 277 Riverside Drive West, Tel. 519/973 55 55, www.bestwestern.com

Kingston 28

€€ | **Secret Garden Inn** Mitten in bezauberndem Grün und neben einem Teich mit Kois wirkt das Bed & Breakfast fast wie ein kleines Märchenschloss. ■ 73 Sydenham Street, Tel. 877/723 18 88, www.thesecretgardeninn.com

€€ | **The Queen's Inn** Mit 180 Jahren ist dies eines der ältesten Hotels des Landes. Empfehlenswert ist auch der vielbesuchte Pub im Erdgeschoss. ■ 125 Brock Street, Tel. 866/689 91 77, www.queensinn.ca

Ottawa 30

€€ | **The Century House B&B** Geschmackvolle Unterkunft in einem zentral gelegenen historischen Backsteinhaus. The Stewart B&B im Nachbarhaus gehört dazu und ist die moderne Variante davon. ■ 62 Stewart Street, Tel. 613/853 01 02, www.thecenturyhousebnbottawa.com

9 €€–€€€ | **Fairmont Château Laurier** Mehr als 400 Gästezimmer beherbergt der mächtige Bau unter seinem Kupferdach, der 1912 für Eisenbahnreisende im Neorenaissance-Stil gebaut wurde. ■ 1 Rideau Street, Tel. 613/241 14 14, www.fairmont.de

Greater Sudbury 34

€–€€ | **Comfort Inn Sudbury** Ordentliche Unterkunft mit gutem Preis-Leistungs-Verhältnis und Gratis-Parkplätzen. ■ 2171 Regent Street South, Tel. 705/522 11 01, www.choicehotels.com

€€ | **Auberge-sur-lac** Etwas außerhalb liegt das charmante B&B im Grünen und direkt am McFarlane Lake. ■ 1672 South Lane Road, Tel. 705/522 50 10, www.cyberbeach.net/asl/

Cochrane 35

€€ | **Rockyview Hotel** Unterkunft mit Trapper-Atmosphäre. Die rustikalen Zimmer sind sehenswert, ebenso das beliebte Restaurant »Texas Gate Bar & Grill«. ■ 304 1 Street West, Tel. 403/932 24 42, www.rockyviewhotel.ca

€€ | **The Station Inn** Gepflegte Zimmer im schmucken Bahnhofsgebäude. ■ 200B Railway Street, Tel. 705/272 35 00, www.ontarionorthland.ca

ADAC *Das besondere Hotel*

Wer im **HI Ottawa Jail** einzieht, darf das Haus jederzeit auf eigenen Wunsch wieder verlassen. Das war nicht immer so – doch der 150 Jahre alte Gefängnisbau ist längst nicht mehr im Dienst. Aus 20 Zellen mit unverputzten Backsteinwänden und eisernen Türen wurden Mehrbett- und Doppelbettzimmer, in denen es sich behaglich schlafen lässt.
€€ | 75 Nicholas Street, Tel. 866/299 14 78, www.hihostels.ca

Québec – Taiga, Tundra und stolze Metropolen

Eigenwillige Madame zwischen nordamerikanischer Gegenwart und der Liebe zur französischen Lebensart

Ein echter Riese, flächenmäßig mehr als zehnmal so groß wie Deutschland. Dennoch leben in der Provinz Québec gerade mal acht Millionen Einwohner, und das zumeist im Süden. Der wird geprägt vom mächtigen St.-Lorenz-Strom, der Wälder und fruchtbare Ebenen durchzieht und auf dem einst Entdecker und Pioniere immer weiter Richtung Westen ins Landesinnere vordrangen. An den Ufern des gigantischen Flusses liegen historische kleine Dörfer, hübsche Städte und schmucke Leuchttürme.

26 Nationalparks warten auf dem Kanadischen Schild und in den Appalachen mit vielfältiger Flora und Fauna darauf, von Besuchern entdeckt zu werden, die sich per Kanu, wandernd oder mit dem Rad auf den Weg machen. Wem dann der Sinn wieder nach Urbanem steht – gleich zwei Großstädte gibt es zu erkunden: Montréal, mit ihren 1,8 Millionen Einwohnern die bevölkerungsreichste Metropole der Provinz, gibt sich als moderne nordamerikanische Stadt mit französischem Flair. Mehr als die Hälfte der Einwohner spricht Französisch. Als geschichtsbewusst, aber zukunftsorientiert stellt sich Québec City dar, die einzige befestigte Stadt in Nordamerika, deren historischen Kern man zu Fuß oder bei einer Kutschfahrt kennenlernen kann. So naturbelassen und menschenleer weite Teile der Provinz sind, so lebendig und kulturell vielfältig zeigen sich Montréal und Québec mit ihren Restaurants, Museen, Theatern und ihrem quirligen Nachtleben.

In diesem Kapitel:

ADAC Top Tipps:

4 **Vieux-Montréal**
| Stadtteil |
Das ursprünglich erste Viertel der Stadt bildet mit seinen bretonischen Feldsteinhäusern und viktorianischen Villen einen beliebten Kontrast zur modernen Innenstadt. 41

5 Vieux-Québec

| Stadtteil |

Der historische Stadtkern blieb weitgehend erhalten und zählt nun zum UNESCO-Weltkulturerbe. In malerischen Gassen und liebevoll renovierten Häusern leben die Bewohner die französische Lebensart. 51

6 Charlevoix

| Landschaft |

Nicht nur die Idylle der Landschaft lockt Besucher in die Region. Es kommen auch zahlreiche »Foodies«, welche die lukullischen Spezialitäten der Gegend schätzen. Viele folgen der »Route des Saveurs«. 56

ADAC Empfehlungen:

10 Notre-Dame de Montréal

| Kirche |

Die neugotische Basilika gegenüber dem zentralen Platz des Altstadtviertels war bei ihrer Einweihung 1829 die größte Kirche auf dem nordamerikanischen Kontinent. 41

11 Fairmont Le Château Frontenac

| Wahrzeichen |

Nicht nur ein Resort, sondern auch Montréals weithin sichtbares Wahrzeichen. Es gibt eine Tour, die hinter die Kulissen des Hotels führt. 53

12 La Galouïne

| Restaurant |

In dem renommierten Restaurant bietet Küchenchef Martin Brisson Spezialitäten aus heimischen Wäldern, die Feinschmecker schätzen. 57

13 Walbeobachtung

| Tour |

Tadoussac gilt als einer der besten Walbeobachtungsplätze der Welt. Hier gibt es fast eine Garantie, Buckel-, Finn- oder Blauwale zu sehen. 57

14 Hôtel de Glace

| Hotel |

Von Januar bis März bietet das einzige Eishotel Nordamerikas ein frostiges Vergnügen für die Gäste. 61

11 Montréal

Kanadische Variante des charmanten Savoir-vivre

Der »Indian Summer« lässt Montréals Bäume in bunten Farben erstrahlen

i Information

- Centre Infotouriste de Montréal, 1255 Rue Peel, Montréal, Québec, Tel. 514/873 2015, www.mtl.org, tgl. 9–18 Uhr
- Parken: siehe S. 43

Montréal (oder Montreal, beides steht gleichberechtigt nebeneinander) ist mit etwa vier Millionen Einwohnern die zweitgrößte französischsprachige Metropolregion der Welt – gleich nach Paris. Sie ist Industrie-, Handels- und Hafenstadt, aber auch Banken-, Wirtschafts- und Kulturzentrum. Museen, Sprech- und Musiktheater sowie eine reiche Festivalkultur machen den Lebenswert der Großstadt ebenso aus wie viele Sportveranstaltungen und natürlich die charmante Altstadt mit ihren Restaurants und Straßencafés.

Fans der Stadt bezeichnen sie als »Manhattan ohne Stress«. Und in der Tat hat Montréal einiges von der Vielfalt und der Energie, die auch New York auszeichnet. Da gibt es Frankofone und Anglofone, Katholiken und Protestanten, die alle nicht immer einer Meinung sind und doch immer wieder ins kreative Gespräch kommen. In Montréal ist der weltberühmte Cirque du Soleil zu Hause, und hier wuchsen Künstler wie Leonard Cohen sowie Oscar Peterson auf. Die traditionsreiche McGill University zählt zu den besten des Landes.

Plan S. 42

Sehenswert

1 Vieux-Montréal

| Stadtteil |

Beliebter Anziehungspunkt für Nostalgiker und Historiker

4

Mit seinen Kirchen, dem Marché Bonsecours sowie den archäologischen Überresten der ersten urbanen Besiedlung ist Montréals ursprünglich erstes Viertel das wichtigste touristische Ziel der Stadt. Als bedeutender historischer Ort gilt hier die Grünfläche Champ-de-Mars. Anziehungspunkt für Besucher ist auch der Alte Hafen (Vieux-Port) mit seinen noch erhaltenen Hafenbecken und seinen Museen sowie das Kreuzfahrt-Terminal am Alexandra Pier.

2 Marché Bonsecours

| Kulturzentrum |

Das 1844 erbaute Gebäude war schon Markthalle, Rathaus sowie Parlamentsgebäude und ist heute Kulturzentrum. Eine markante Kuppel krönt den klassizistischen Bau, der Boutiquen für Kunst und Design, Cafés, Restaurants sowie Bankettsäle beherbergt.

■ 350 Rue St-Paul Est, www.marchebonsecours.qc.ca, tgl. 10–18 Uhr

3 Biosphère de Montréal

| Museum |

Ursprünglich diente der 76 m hohe Kuppelbau bei der Weltausstellung 1967 als Pavillon der USA. Nach umfassenden Renovierungen ist hier ein spektakuläres Umweltmuseum untergebracht.

■ 160 Chemin Tour-de-l'Isle, Île Ste-Hélène, Tel. 514/283 50 00, www.parcjeandrapeau.com, tgl. 10–17 Uhr

4 Notre-Dame de Montréal

| Kirche |

10

Beeindruckende Basilika im neogotischen Stil aus dem 19. Jh.

Die mittelalterlich dekorierte Fassade der 1829 fertiggestellten Basilika und das nachtblaue Interieur, mit goldenen Sternen am Deckengewölbe, sind ebenso einzigartig und faszinierend wie die mit 6500 Pfeifen bestückte Orgel der bedeutenden Orgelbaufirma Casavant Frères.

■ 110 Notre-Dame Street West, Tel. 514/842 29 25, www.basiliquenotredame.ca, Mo–Fr 8–16.30, Sa bis 16, So 12.30–16 Uhr

5 Pointe-à-Callière (Musée d'Archéologie et d'Histoire)

| Museum |

An der Stelle, wo zu Beginn des 17. Jh. die erste französische Siedlung entstand, befindet sich nun das Pointe-à-Caillière-Museum für Archäologie und Stadtgeschichte.

■ 350 Place Royale, Tel. 514/872 91 50, www.pacmusee.qc.ca, Di–Fr 10–17, Sa, So 11–17 Uhr

6 Arsenal Contemporary Art

| Kunstzentrum |

In den riesigen Hallen, früher eine Werft, finden Ausstellungen, Performances und andere Kulturveranstaltungen statt.

■ 2020 Rue William, Tel. 514/931 99 78, www.arsenalcontemporary.com, Mi–Fr 10–18, Sa bis 17 Uhr

7 Musée des Beaux-Arts de Montréal

| Museum |

Kanadas ältestes Kunstmuseum, 1860 gegründet, zeigt Gemälde und Skulpturen aus mehreren Jahrhunderten, von der Kunst der Inuit bis zu modernen Designobjekten. Im Pavillon Jean-Noël Desmarais finden spektakuläre Sonderausstellungen statt.

■ 1380 Rue Sherbrooke Ouest, Tel. 514/285 20 00, www.mbam.qc.ca, Mi–Fr 10–21, Sa, So, Di bis 17 Uhr

8 Oratoire St-Joseph

| Kirche |

Die Basilika mit ihrer 97 m hohen Kuppel, 1924 bis 1967 errichtet, ist eine der wichtigsten Pilgerstätten Nordamerikas und der höchste Punkt der Stadt.

■ 3800 Chemin Queen Mary, Tel. 514/733 82 11, www.saint-joseph.org, 6–21.30 Uhr (Krypta und Votivkapelle)

9 Parc du Mont-Royal

| Park |

Im Sommer trifft man hier Jogger, im Winter werden Loipen gespurt. Von der Panoramaterrasse des Belvédère du Chalet hat man die schönste Aussicht auf das Stadtzentrum sowie den St.-Lorenz-Strom.

■ 1260 Chemin Remembrance, Tel. 514/843 82 40, tgl. 6–24 Uhr

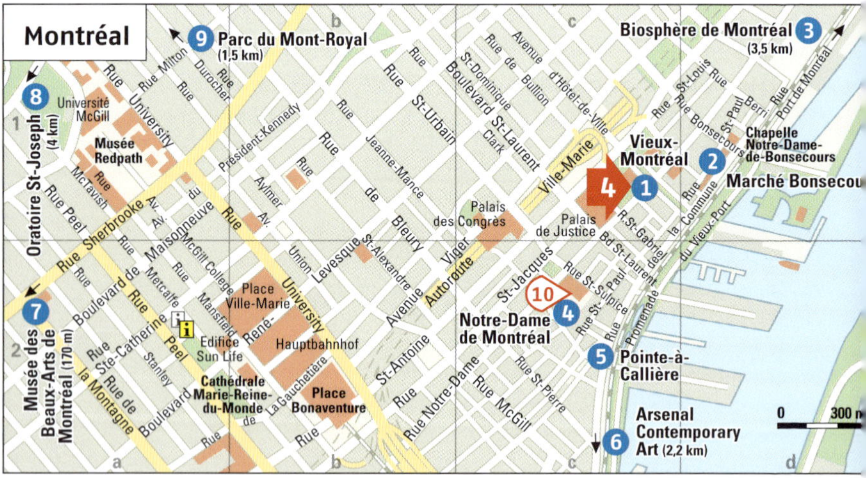

Blau und Gold dominieren im prachtvollen Innenraum der Notre-Dame de Montréal

P Parken

Einbahnstraßen, Kopfsteinpflaster und schwer verständliche Parkschilder machen Autofahrern in Montréal das Leben schwer. Parkuhren sind blitzschnell abgelaufen, daher nimmt man besser öffentliche Verkehrsmittel, Taxi oder Uber. Wer es dennoch probieren will: Eine nützliche Website ist ParkMe. ■ www.parkme.com

Restaurants

€ | **La Banquise** Pommes mit Bratensoße und Cheese curds (verarbeitete Käsebruchstücke): Poutine sollte man in Montréal unbedingt hier probieren! Es gibt 30 verschiedene Variationen, und zwar rund um die Uhr. ■ 994 Rue Rachel Est, Tel. 514/525 24 15, www.labanquise.com, tgl. 24 Std.

€€ | **Au Pied de Cochon** Dieses unprätentiöse Restaurant in Plateau-Mont-Royal serviert kanadische Gänseleber in vielen Variationen sowie andere Fleischgerichte. ■ 536 Avenue Duluth Est, Tel. 514/281 11 14, www.aupiedde cochon.ca, Mi–So 17–24 Uhr

€€ | **Modavie** Hübsche Weinbar in der Nähe des Alten Hafens. Hier gibt es

ADAC *Mittendrin*

Auch wenn in Montréal fast alle Menschen Englisch können: Zumindest »Hallo« und »Danke« auf Französisch wird gern gesehen und gehört. In die Sprache der Einheimischen einzutauchen, wird Reisenden mit Schulfranzösisch jedoch kaum möglich sein. Der Québécois-Dialekt ist für Ungeübte schwer verständlich.

ADAC *Spartipp*

Der knallrote »**Passeport MTL Pass**« gilt als Ticket für 28 Attraktionen in Montréal – ob Museumsbesuch, Schifffahrt mit dem Bateau-Mouche auf dem St.-Lorenz-Strom oder Rutschpartie an der Zipline über den Alten Hafen. Außerdem darf der Passinhaber die öffentlichen Verkehrsmittel nutzen, so oft er möchte. Der Pass ist in zwei Varianten erhältlich: als 48-Stunden- (93 CAD) oder als 72-Stunden-Version (113 CAD). *www.mtl.org*

französische Bistro-Gerichte, und jeden Abend ist Livemusik geboten. ■ 1 Rue St-Paul Ouest, Tel. 514/287 95 82, www.modavie.com, So–Do 11.30–22.30, Fr, Sa bis 1.30 Uhr

€€€ | **Europea** Im Viertel Ville-Marie betreibt Küchenchef Jérôme Ferrer eines der besten Gourmetrestaurants der Stadt. In noblem Ambiente werden mittags auch etwas preisgünstigere Vier- und Fünf-Gänge-Menüs angeboten. ■ 1065 Rue de la Montagne, Tel. 514/398 92 29, www.jeromeferrer.ca, tgl. 11–22 Uhr

Einkaufen

Marché Jean-Talon In den Sommermonaten bieten mehr als 300 Bauern unter freiem Himmel ihre frischen Waren an, im Winter wird nur der Innenbereich genutzt. Außerdem haben sich viele andere Händler angesiedelt: Bäckereien, Fleischereien, Fisch-, Feinkost- sowie Käseläden. ■ 7070 Henri Julien Avenue, Tel. 514/937 77 54, www.marchespublics-mtl.com, Mo–Mi und Sa 7–18, Fr bis 20, So bis 17 Uhr

Rue Ste-Catherine Sie gilt als größte und vielseitigste Einkaufsstraße Montréals. Hier findet man nicht nur die Filialen der großen Kaufhäuser und Modeketten, sondern auch Hunderte kleiner Boutiquen und Läden.

Kneipen, Bars und Clubs

Big in Japan Bar Hinter einer schäbigen kleinen Eingangstür verbirgt sich eine elegante Bar mit einer beeindruckenden Cocktail- und Whiskykarte. ■ 4175 Boulevard St-Laurent, Tel. 438/380 56 58, tgl. 17–3 Uhr

Casa del Popolo Das »Haus des Volkes« ist Bar, Bistro und Musiklokal zugleich, dazu Treffpunkt von Künstlern und Literaten sowie Bühne für Konzerte, Lesungen und auch Poetry-Slams. ■ 4873 Boulevard St-Laurent, Tel. 514/284 01 22, www.casadelpopolo.com, Mo–Fr 16–3, Sa, So 12–3 Uhr

Dieu du Ciel! Angesagter Brewpub mit einladenden Gasträumen, neben Hausgebrautem gibt es eine sehr große Auswahl an diversen Fass- und Flaschenbieren. ■ 29 Avenue Laurier Ouest, Tel. 514/490 95 55, www.dieuduciel.com, tgl. 11.30–3 Uhr

Sir Winston Churchill Pub Ob im Pub oder auf der Terrasse, im Bar-Restaurant Winnie's oder im Club – hier kann man sich gut amüsieren! ■ 1455 Rue Crescent, Tel. 514/288 38 14, www.swcpc.com, tgl. 11.30–3 Uhr

Casinos

Casino de Montréal Die größte Spielbank Kanadas bietet auf 48 900 m² über 100 Spieltische sowie mehr als 3000 Spielautomaten. ■ 1 Avenue du Casino, Tel. 514/392 27 46, casinos.lotoquebec.com, tgl. 24 Std.

Kinder

Jardin Botanique de Montréal Der 1931 entstandene Botanische Garten ist mit seinen Gewächshäusern, Themengärten und über 22 000 Pflanzenarten auf 75 ha einer der größten der Welt. Kinder lieben den Natur-Parcours mit acht Stationen, die wolligen Schafe auf den Wiesen des Arboretums (ein Waldgebiet) und die Gärten für kleine Städter. Das Insektarium wird zurzeit umgestaltet und 2021 wiedereröffnet. ■ 4101 Rue Sherbrooke Est, Tel. 514/868 3000, www.espacepourlavie.ca, Mo–Do 9–18, Fr, Sa bis 22, So bis 21 Uhr

Events

Festival International de Jazz de Montréal Das renommierte Jazzfest ist ein Aushängeschild der Stadt und findet jedes Jahr im Juni und August statt. Es ist stets ein Line-up der Extraklasse. ■ www.montrealjazzfest.com

Montréal en Lumière Die frostigen Temperaturen des kanadischen Winters feiern die Montréaler jährlich mit diesem Festival. Höhepunkt ist die

ADAC *Mittendrin*

In Montréal kommt man sehr einfach mit der **Métro de Montréal** durch die Stadt. Das Gesamtsystem umfasst 68 Stationen und ist mit mehr als 1,4 Millionen Fahrgästen pro Tag wichtigstes Verkehrsmittel. Oder man leiht sich eines der öffentlichen **Bixi-Fahrräder**. Eigentlich sollte man aber so viel wie möglich laufen, um die Stadt hautnah zu erleben.
www.stm.info, montreal.bixi.com/en

Ein besonderes Highlight im Botanischen Garten sind die »lebenden Skulpturen«

Im Blickpunkt

Hockey – mehr als ein Sport

Ob sie selbst auf Kufen stehen oder die Helden bei der Jagd nach dem Puck anfeuern – Eishockey lässt keinen Kanadier kalt, und auch nicht der ewige Zweikampf zwischen den Teams der Toronto Maple Leafs und der Montréal Canadiens, die beide behaupten, Eishockey sei in IHRER Stadt erfunden worden. Die Mannschaftssportart hat Ikonen wie Wayne Gretzky hervorgebracht, der sich von der National Hockey League direkt in die internationale Ruhmeshalle, die Hockey Hall of Fame, in Toronto schoss. Tausende von jugendlichen Amateuren spielen allabendlich auf zugefrorenen Teichen ihr »Grassroots Hockey« – und träumen vielleicht vom Ruhm in der NHL. Auch bei Spielen der weniger renommierten Profi- oder Jugend-Hockeyclubs sind die Ränge der Stadien voll. Wo und wann angefeuert werden kann, ist auf den Homepages der Canadian Hockey League und der American Hockey League aufgelistet. *www.chl.ca, www.theahl.com*

Nuit Blanche, in der es alle Einwohner der Stadt raus auf die Straßen, in die Museen und Clubs der Stadt zieht. ■ www.montrealenlumiere.com

Piknic Électronik Jeden Sonntag im Sommer findet im Parc Jean-Drapeau, zehn Minuten von Montréals Innenstadt entfernt, dieses Outdoor-Event für elektronische Musik statt. ■ www.piknicelectronik.com, Mai–Sept.

Erlebnisse

La Ronde Am nördlichen Ende der Île Ste-Hélène liegt dieser große Vergnügungspark mit Achterbahn und riesigem Kettenkarussell. ■ 22 Chemin Macdonald, Île Ste-Hélène, Tel. 514/397 20 00, www.laronde.com, Juni–Aug. tgl. geöffn., Mai–Okt. nur Sa, So

Quartier des Spectacles In das Rotlichtviertel der Stadt zogen Ende des 19. Jh. Lehranstalten wie das Collège Ste-Marie und die Bibliothèque St-Sulpice. 1865 eröffnete das Theater Le Gesù, weitere Theater und Kabaretts folgten. Mittlerweile ist dieses Kunst- und Unterhaltungsviertel das Herz des öffentlichen Kulturlebens. ■ www.quartierdesspectacles.com

12 Trois-Rivières

Historisches Pflaster: Poesiehauptstadt zwischen Montréal und Québec

Information

■ Tourist Information Office, 1457 Rue Notre-Dame Centre, Trois-Rivières, Québec, Tel. 819/375 11 22, www.tourismetroisrivieres.com, Okt.–Mitte Mai Mo–Fr 9–17, Mitte Mai–Mitte Juni Mo–Fr 9–17, Sa, So 10–16, Mitte Juni–Sept. tgl. 9–19, Sept.–Okt. Mo–Fr 9–17, Sa, So 10–16 Uhr

Der älteste Teil der Stadt Trois-Rivières erstreckt sich um die Rue des Ursulines

Trois-Rivières, dessen Geschichte 1634 als Pelzhandelsposten begann, ist wegen seiner günstigen Lage zwischen Montréal und Québec ein wichtiges Verwaltungszentrum und bedeutender Handelsplatz. Die Stadt liegt am Zusammenfluss des Rivière St-Maurice mit dem St.-Lorenz-Strom. 1697 ließen sich Ursulinen hier nieder, gründeten die erste Schule und unterstützten die Missionare bei der Bekehrung der Ureinwohner. Wer heute durch die Rue des Ursulines geht, bekommt einen Eindruck von der Pracht der französischen Kolonialzeit.

Die Standorte des ersten befestigten Fort des Trois-Rivières sowie das Schlachtfeld von 1776 im Amerikanischen Unabhängigkeitskrieg sind mit Gedenktafeln gekennzeichnet. Das alte Eisenwerk Forges du St-Maurice von 1730 steht unter Denkmalschutz. Das historische Zentrum der Innenstadt umfasst Gebäude vom 17. bis zum frühen 19. Jh. wie die Stadthäuser Maison Georges-De Gannes, Maison Hertel-De La Fresnière, das Franziskanerkloster mit der Franziskanerkirche sowie das Ursulinenkloster.

ADAC *Wussten Sie schon?*

Trois-Rivières gilt als »nationale Poesiehauptstadt Québecs«. Seit 1985 findet jeweils in der ersten Oktoberwoche das **International Festival of Poetry** mit mehreren 10 000 Besuchern und zahlreichen Lesungen in Restaurants und Bars statt. Außerdem sind in der gesamten Stadt Schautafeln mit poetischen Versen zu finden. Zentrum der Veranstaltung ist das Maison-Culture.

1497 Rue Laviolette, Tel. 819/379 98 13, www.fiptr.com

Ursprünglich und wild(wüchsig) geht es im Réserve écologique Marcel-Léger zu, einem 35 ha großen ökologischen Schutzgebiet auf einer künstlich angelegten Insel inmitten des St.-Lorenz-Stroms. Hier rasten Zugvögel auf ihrem Weg vom oder in den Süden.

Sehenswert

Boréalis

| **Museum** |

Vermittelt wird die Geschichte der Papierindustrie mittels interaktiver Papierherstellung sowie die Erkenntnis, dass nachhaltige Bewirtschaftung auch in Kanadas »endlosen« Wäldern jedem Kahlschlag vorzuziehen ist.

■ 200 Avenue des Draveurs, Tel. 819/372 46 33, www.borealis3r.ca, Ende Sept.–Ende Mai Di–So 10–17, Ende Mai–Ende Sept. tgl. 10–18 Uhr

Musée des Ursulines

| **Museum** |

Im Klostermuseum sieht man Textilien, Silberarbeiten und Skulpturen. Vom Klostergarten hat man einen schönen Blick auf den St.-Lorenz-Strom.

■ 734 Rue des Ursulines, Tel. 819/375 79 22, www.musee-ursulines.qc.ca, Mai–Nov. Di–So 10–17, Juni–Sept. tgl. 10–17, März, Apr. Mi–So 13–17 Uhr

Vieille Prison

| **Museum** |

90 Minuten geht es durch das alte Gefängnisgebäude. Man wird von kundigen Führern, von denen einige als ehemalige Häftlinge vom Leben hinter Gittern berichten können, geleitet.

■ 200 Rue Laviolette, Tel. 819/372 04 06, museepop.ca, Juni–Sept. tgl. 10–18 Uhr, sonst abweichende Öffnungszeiten, kein Zutritt für Kinder unter 12 Jahren

Die Buntglasfenster in der Cathédrale de l'Assomption stammen von Guido Nincheri

Manoir Boucher de Niverville

| **Museum** |

Von Frankreichs Landhausstil beeinflusstes Herrenhaus aus der Kolonialzeit des 17. Jh.

■ 168 Rue Bonaventure, Tel. 819/372 45 31, www.cultur3r.com, tgl. 10–18 Uhr

Cathédrale de l'Assomption de Trois-Rivières

| **Kirche** |

Die Kathedrale Mariä Himmelfahrt wurde im neogotischen Stil erbaut und beeindruckt durch zahlreiche Buntglasfenster. Sie wurde 1858 eingeweiht und ist auch Bistumssitz.

■ 362 Rue Bonaventure, Besuch möglich: Fr 13.30–16.30, Sa, So 9–12 und 13.30–16.30 Uhr

Restaurants

€ | **Binerie Chik** Angesagtes Bistro im Stil eines amerikanischen Diners, doch französisch angehaucht, gutes Preis-Leistungs-Verhältnis. ■ 1150 Rue Royale, Tel. 819/840 66 87, So 5–15, Di–Sa 5–16 Uhr

€ | **Boulangerie François Guay** Egal, ob man vor Ort zu Mittag ein Sandwich mit Rauchfleisch, eine Fleischpastete oder gebackene Bohnen isst oder ob man Poutine für daheim mitnimmt – alles schmeckt einfach großartig. ■ 11760 Rue Notre-Dame Ouest, Tel. 819/377 10 10, www.boulangerieguay.ca, tgl. 7–17.30 Uhr

€€ | **Cabane à Sucre Chez Dany** Ahornschinken, knusprige Schweinekruste, Erbsensuppe und Pfannkuchen mit Ahornsirup – in der Zuckerhütte wird typisch kanadisch und deftig aufgetischt. Man sollte jedoch unbedingt vorher reservieren. ■ 195 Rue de la Sablière, Tel. 819/370 47 69, www.cabanechezdany.com, tgl. 9–16 Uhr

Im Blickpunkt

Ahornsirup – süßes Gold

35 bis 60 Jahre muss ein Ahornbaum alt werden, bis man zum ersten Mal kleine »Zapfhähne« in seinen Stamm bohren kann, aus denen zur Erntezeit im Frühjahr der farblose Ahornsaft herausfließt. Ein reines Naturprodukt, prallvoll mit Kalzium, Kalium, Magnesium und Eisen. Von diesen Mineralstoffen geht viel verloren, wenn der geerntete Saft binnen eines Tages, bevor die Gärung einsetzt, in sogenannten Sugar Shacks, den Zuckerhütten, gekocht und eingedickt wird. Also wirklich gesund ist der goldfarbene Maple Syrup bei seiner Abfüllung in Flaschen nicht mehr – aber einfach köstlich! 80 Prozent des weltweit gehandelten Ahornsirups stammen aus Québec. Hier gibt es 7000 Ahornfarmen mit mehr als 40 Millionen Bäumen. Die traditionellen Sugar Shacks können besichtigt werden. Besonders beliebt sind die Sucrerie de la Montagne nahe Montréal und die Cabane Leclerc bei Québec. *www.sucreriedelamontagne.com, www.cabaneleclerc.ca*

13 Québec City

Provinzhauptstadt mit französischem Flair

In der Altstadt Québecs befinden sich zahlreiche französisch geprägte Häuser

i Information

- Tourism Québec City, 12 Rue Ste-Anne, Québec City, Québec, Tel. 418/641 62 90, www.quebec-cite.com, Mitte Juni–Sept. 9–18, sonst 9–17 Uhr
- Parken: siehe S. 54

Québec City, Hauptstadt der gleichnamigen Provinz, gibt sich gern als Hüterin des frankokanadischen Erbes, als Stadt, welche die Lebensart, das Savoir-vivre, des europäischen Mutterlandes pflegt. 95 Prozent der Einwohner nennen Französisch als ihre Muttersprache. Was 1608 als französisches Fort am Zusammenfluss des St.-Lorenz-Stroms mit dem Rivière St-Charles begann, entwickelte sich trotz zahlreicher Wirren und Auseinandersetzungen mit Indianern, Engländern, US-Truppen und trotz wirtschaftlicher Höhen und Tiefen zu einer lebendigen Metropole, zum Treffpunkt von Europa und Amerika. Heute ist Québec City Industrie- und Verwaltungsstadt, beherbergt Universitäten sowie Hochschulen und beschäftigt als Sitz der Provinzregierung Tausende von Menschen. Der Hafen Québecs gehört zu den drei größten Atlantikhäfen Kanadas. Wichtigster Touristenmagnet ist jedoch die Altstadt mit verwinkelten Gässchen und Pferdekutschen.

Plan
S. 52

Sehenswert

1 Vieux-Québec

| Stadtteil |

5 *Charmante Altstadt mit französischem Flair*

Der historische Stadtkern mitsamt seiner 4,6 km langen und 200 Jahre alten Stadtmauer blieb bis heute erhalten bzw. wurde teilweise behutsam wiederaufgebaut und 1985 UNESCO-Weltkulturerbe. In der Unterstadt, der Basse-Ville, am St.-Lorenz-Strom bummeln Besucher gern durch die kleinen Gassen mit ihren hübschen Lokalen und Geschäften. Haute-Ville, die Oberstadt, beherbergt die Zitadelle, das Hôtel de Ville, die Kathedrale Notre-Dame de Québec und das Luxushotel Château Frontenac. Mehr als 1400 Gebäude, zum Teil älter als 300 Jahre, gehören zur Altstadt. Dutzende von Treppen, die meisten von ihnen aus Holz, verbinden Unter- und Oberstadt.

2 Notre-Dame de Québec

| Kirche |

Im Stil des Klassizismus errichtet, folgte die 1930 fertiggestellte Basilika Vorgängerbauten, die alle durch Krieg und Brand zerstört wurden. Bestattet sind hier vier Gouverneure Neufrankreichs sowie die Bischöfe und Erzbischöfe von Québec.

■ 16 Rue de Buade, Tel. 418/694 06 65, www.holydoorquebec.ca, Mo–Fr 7–19, Sa 7–18, So 8–18 Uhr, im Winter abweichend

3 Musée de l'Amerique Francophone

| Museum |

Gleich neben der ehemaligen Priesterakademie Séminaire de Québec gelegen, zeigt das Museum eindrucksvoll die Entwicklung der frankokanadischen Kultur.

■ 2 Côte de la Fabrique, Tel. 418/643 21 58, www.mcq.org, Sept.–Juni Sa, So 10–17, Dez.–Jan. tgl. 10–17 Uhr

4 Musée de la Civilisation

| Museum |

Dieses »Zivilisationsmuseum« ist eines der meistbesuchten Museen Kanadas, untergebracht in einem von Stararchitekt Mosche Safdie entworfenen Gebäude. Es gibt Dauerausstellungen zur Kulturgeschichte Québecs und der

Ureinwohner, außerdem bietet das Museum Wechselausstellungen zu anthropologischen Themen.

■ 85 Rue Dalhousie, Tel. 418/643 21 58, www.mcq.org, Di–So 10–17 Uhr

5 Place Royale

| Platz |

»Wiege der französischen Zivilisation in Nordamerika« – hier ließ Samuel de Champlain im Jahr 1608 einen befestigten Handelsposten errichten, aus dem sich die heutige Unterstadt entwickelte. An der Südseite des Platzes befindet sich die Kirche Notre-Dame-des-Victoires, die als älteste Steinkirche Nordamerikas gilt und zur National Historic Site erhoben wurde.

■ 2–4 Rue des Pains Bénits; Kirche: 32 Rue Sous le Fort

6 Petit Champlain

| Geschäftsbezirk |

Ältester Geschäftsbezirk Nordamerikas. Berühmt ist das Wandbild in der Rue du Petit Champlain, das Ausschnitte aus der Geschichte Québecs zeigt. Für Unterhaltung sorgen das Théâtre Petit Champlain und die 90-minütigen »Ghost Tours of Québec«.

■ 68 Rue du Petit Champlain, Tel. 418/ 692 26 31, www.theatrepetitchamplain.com; www.ghosttoursofquebec.com

7 Terrasse Dufferin

| Aussicht |

Hoch über dem St.-Lorenz-Strom bietet die 430 m lange Terrasse einen atemberaubenden Ausblick auf die Stadt. Am nördlichen Ende befindet sich die Bergstation der Standseilbahn

Funiculaire du Vieux-Québec. Am südlichen Ende der Terrasse ist im Winter eine beliebte, 250 m lange Eisrutschbahn angelegt.

■ Rue des Carrières

8 Fairmont Le Château Frontenac

| Wahrzeichen |

11 *Weltberühmtes Hotel über den Dächern der Stadt*

Seit mehr als einem Jahrhundert ist das Resort ein Traumschloss für viele Besucher. Wer an mehr als einem Blick in die beeindruckende Lobby interessiert ist, nimmt an einer geführten Tour mit zahlreichen Anekdoten teil.

■ 1 Rue des Carrières, Tel. 418/692 38 61, www.fairmont.com

9 La Citadelle de Québec

| Aussicht |

Die ehemalige Festung am höchsten Punkt des Cap Diamant bietet einen fantastischen Ausblick auf die Unterstadt und über den St.-Lorenz-Strom. Jeden Vormittag findet hier um 10 Uhr die Wachablösung statt. Die angrenzenden Parkflächen des Parc des Champs-de-Bataille mit den Plaines d'Abraham (Abraham-Ebene) eignen sich für ein Picknick im Grünen.

■ 1 Côte de la Citadelle, www.lacitadelle.qc.ca, Mai–Okt. 9–17, Nov.–April 10–16 Uhr

10 Parc des Champs-de-Bataille

| Park |

Im Jahr 1759 war der »Battlefield Park« Schauplatz der Schlacht zwischen französischen und britischen Truppen. Heute ist er einer der wenigen urbanen Nationalparks Kanadas.

■ 835 Wilfrid-Laurier Avenue, Tel. 418/649 61 57, www.ccbn-nbc.gc.ca

11 La Maison Henry-Stuart

| Museum |

Im Cartierviertel der Oberstadt, Haute-Ville, liegt das von einem idyllischen Garten umgebene kleine, gut erhaltene Cottage. Hier wohnten im 19. Jh. wohlhabende Angehörige der anglofonen Oberschicht.

■ 82 Grande Allée Ouest, Tel. 418/647 43 47, www.maisonhenrystuart.qc.ca, Juni–Aug. 11–17 Uhr, Führung jeweils zur vollen Stunde

12 Musée National des Beaux-Arts du Québec

| Museum |

Das größte Museum der Stadt mit mehr als 37 000 Werken aller Kunstrichtungen ab dem 17. Jh. und zugleich auch das Nationalmuseum der Provinz Québec.

■ 179 Grande Allée Ouest, Tel. 418/643 21 50, www.mnbaq.org, Sept.–Mai Di, Do–So 10–17, Mi bis 21, Juni–Aug. 10–18 Uhr

Verkehrsmittel

Le Funiculaire du Vieux-Québec Als Alternative zur berühmten, aber sehr steilen Escalier Casse-Cou (»Genickbruch-Treppe«) bietet sich zwischen Terrasse Dufferin, Quartier Petit-Champlain, Place Royale und Vieux-Port eine gemütliche Fahrt mit der alten Zahnradbahn an. ■ 16 Rue du Petit Champlain, www.funiculaire.ca, tgl. 7.30–23 Uhr

Train de Charlevoix Der mächtige St.-Lorenz-Strom ist ständiger Begleiter dieser 125 km langen Traumroute zwischen Québec und La Malbaie, die der Zug mit einer Durchschnittsgeschwindigkeit von 40 km pro Stunde von Juni bis Oktober zurücklegt. Seine historischen Waggons fuhren in den 1950er-

Jahren im Großraum Chicago, gezogen werden sie von zwei Loks der deutschen DB-Baureihe 628.1. Fahrkarten gibt es online, in den Endbahnhöfen und in Baie-St-Paul. ■ www.traindecharlevoix.com

Parken

Québec hat viel vom Charme europäischer Metropolen – leider aber auch Parkprobleme, die es in anderen Teilen Kanadas kaum gibt. Drei Anbieter (SPAQ, Gestiparc und Vinci Park) stellen kostenpflichtige, bewachte Parkplätze zur Verfügung. ■ www.ville.quebec.qc.ca

Restaurants

€ | **La Cuisine** Originelles Restaurant im Retro-Dekor mit flippigem Ambiente und einer Wurlitzer Jukebox, am Wochenende legen DJs auf. ■ 205 Rue St-Vallier Est, Tel. 418/523 33 87, www.barlacuisine.com, Mo–Mi 11–1, Do, Fr bis 3, Sa 14–3, So 14–1 Uhr

€€€ | **Le Lapin Sauté** Wie der Name verrät: Langohren spielen eine wichtige Rolle auf der Speisekarte, ob als Cassoulet oder als Poutine mit Hasenfleisch. Bei gutem Wetter sollte man unbedingt auf der Terrasse reservieren. ■ 52 Rue du Petit Champlain, Tel. 418/692 53 25, www.lapinsaute.com, Mo–Fr 11–22, Sa 9–22.30, So 9–22 Uhr

Einkaufen

Épicerie J.A. Moisan Ältestes Lebensmittelgeschäft Nordamerikas mit großer Auswahl an Spezialitäten und einer Bäckerei mit Café. ■ 699 Rue St-Jean, Tel. 418/522 06 85, www.jamoisan.com, Mo–Sa 8.30–19, So ab 10 Uhr

Futuristisch: Pavillon Central des Musée National des Beaux-Arts aus Glas und Granit

Kneipen, Bars und Clubs

Le Sacrilège Eine Institution im Quartier und seit mehr als 20 Jahren Lieblingsort vieler Nachteulen; schöner Wintergarten und lauschiger Garten. Es gibt eine große Auswahl an Bieren, an den meisten Tagen ab 20 Uhr Livemusik. ■ 447 Rue St-Jean, Tel. 418/649 1985, www.lesacrilege.com, tgl. 12–3 Uhr

Kinder

Aquarium du Québec Ohne abzutauchen gibt es Einblicke in Ozean, Süß- und Salzwasser sowie die Mischwasserzonen des St.-Lorenz-Stroms. Hauptattraktion der über 10 000 Tiere aus 300 Arten sind die pazifischen und atlantischen Walrösser. ■ 1675 Avenue des Hôtels, Tel. 418/659 52 64, www.sepaq.com, tgl. 9/10–16/17 Uhr

Events

Carnaval de Québec Von Ende Januar bis Mitte Februar wird in Québec seit 1894 Karneval gefeiert. Mehr als eine Million Menschen nehmen an Maskenbällen, Umzügen, einem Eisskulpturen-Wettbewerb und Eiskanurennen auf dem teilweise gefrorenen St.-Lorenz-Strom teil. Offizieller Botschafter ist ein Schneemann namens Bonhomme Carnaval (»Karnevalsmännchen«). ■ www.carnaval.qc.ca

Festival d'été de Québec Mit 1,5 Millionen Besuchern ist das Musik- und Kulturfestival die größte Veranstaltung des Jahres. Es beginnt am ersten Donnerstag im Juli und dauert elf Tage. 1000 Künstler treten auf zehn Bühnen in 300 Veranstaltungen auf – von Pop und Rock über Weltmusik bis zu klassischer Musik. Höhepunkt sind die

Im Blickpunkt

Bei Kanadas Ureinwohnern

Mehr als 1,3 Millionen Kanadier gehören zur Bevölkerung der First Nations. Wer ihr Leben näher kennenlernen will, kann dies am Lagerfeuer, bei einer Übernachtung im Langhaus oder Tipi oder bei traditionellen Mahlzeiten mit Wild, Fisch und Kräutern erleben. So im Reservat Wendake, eine halbe Autostunde von Québec City entfernt, wo die Huron-Wendat in einem traditionellen Dorf mit benachbartem Museum und dem »Hôtel-Musée Premières Nations« interessierte Gäste willkommen heißen. Wer mag, kann eine Outdoor-Übernachtung erleben, beim Bau eines Rindenkanus helfen und Heilpflanzen kennenlernen (www.wendake.ca). Zwischen traditionellen Zelten oder einer beheizten Hütte wählt der Gast auf dem Indianer-Campingplatz Aventure Plume Blanche in Roberval (www.aventureplumeblanche.com). Im Manawan-Reservat am Ufer des Metapeckeka-Sees bieten die Atikamekw eine Teilnahme an Traditionen wie Jagen, Fischen und Sammeln (www.voyageamerindiens.com).

Tadoussac ist einer der besten und beliebtesten Orte, um Wale zu beobachten

Open-Air-Konzerte auf der Abraham-Ebene vor rund 100 000 Zuschauern. ■ www.feq.ca

In der Umgebung

Montmorency Fall Eine der beliebtesten Sehenswürdigkeiten zu jeder Jahreszeit ist dieser 83 m hohe Wasserfall. Rund 30 m höher als die Niagarafälle stürzt der Rivière Montmorency hier direkt in den St.-Lorenz-Strom. Eine Seilbahn bringt Besucher auf eine Hängebrücke über den Wasserfall, wer gut zu Fuß ist, nimmt die Treppe. ■ 5300 Boulevard Ste-Anne, Tel. 844/522 48 83, www.sepaq.com

6 **Charlevoix** Die idyllische Region gilt als Speisekammer der Provinz. Auf den Bauernhöfen und in den Obstgärten finden Gastronomen Lebensmittel bester Qualität. Sie machen in vielen Restaurants vorzügliche Gerichte daraus und die Region somit zu einem einzigen Genusserlebnis. Das freut die zahlreichen »Foodies«, die keine Wege scheuen. Restaurants, Metzgereien, Bäckereien, Schokoladenmanufakturen, Cafés, Brennereien, Pilzzuchten, Brauereien, Käsereien sowie Bauernhöfe haben sich zusammengeschlossen und laden ein, ihre Produkte und Gerichte auf der »Route des Saveurs« (engl. »Flavour Trail«) kennenzulernen. ■ www.routedesaveurs.com; www.tourisme-charlevoix.com

14 Tadoussac

Wo die wilden Wale wohnen und Schwarzbären sich beobachten lassen

Information

■ Tourist Information Office, 197 Rue des Pionniers, Tadoussac, Québec, Tel. 418/235 47 44, www.tadoussac.com, tgl. 9–17 Uhr

Tadoussac liegt an der Mündung des Saguenay-Fjords in den St.-Lorenz-Strom. Hier begannen baskische und bretonische Fischer im 16. Jh., mit den dort ansässigen Montagnais-Indianern Handel zu treiben. Später wurde die Bucht zum Ausgangspunkt für Forschungsreisen und Zentrum des Walfangs. Seit Mitte des 19. Jh. entwickelte sich der Tourismus, und Kreuzfahrtschiffe liefen den Ort an. Jedes Jahr von Mai bis November reisen Tausende nach Tadoussac, um Wale zu beobachten. Das prachtvolle Hotel Tadoussac aus dem Jahr 1864 dominiert bis heute das Ortsbild und war 1984 sogar Drehort der Tragikomödie »The Hotel New

Hampshire« nach John Irvings gleichnamigem literarischen Welterfolg. Die Petite Chapelle de Tadoussac, 1747 erbaut, ist eine der ältesten Kapellen auf nordamerikanischem Boden.

Sehenswert

Centre d'Interprétation des Mammifères Marins

| **Museum** |

Das 1985 eröffnete Museum und Forschungszentrum mit seiner einzigartigen Skelettsammlung zeigt die vielfältigen Lebensformen der Meeressäugetiere.

■ 108 Rue de la Cale Sèche, Tel. 418/235 47 01, www.gremm.org, Mitte Mai–Mitte Juni 12–17, Mitte Juni–Ende Sept. 9–20, bis Mitte Okt. 11–18 Uhr

Restaurants

12 €€ | **La Galouïne** Martin Brisson ist nicht nur Restaurant- und Hotelchef, er kreiert für Feinschmecker auch Spezialitäten wie Confits, Tees und Sirup mit Zutaten aus der nordischen Natur. ■ 251 Rue des Pionniers, Tel. 418/235 43 80, www.lagalouine.com. Mo–Fr 7–19.30, Sa, So 8–19.30 Uhr

€€ | **Pick Up Grillé** Kleines Restaurant mit leckeren hausgemachten Burgern, Sandwiches und Salaten sowie einem wunderschönen Blick von der Terrasse auf die Tadoussac Bay. ■ 139 Rue du Bord de l'Eau, Tel. 418/235 14 20, www.pickuprestaurant.com, tgl. 9–22 Uhr

ADAC *Spartipp*

Von Tadoussac nach Baie-Ste-Catherine verkehrt rund um die Uhr eine kostenlose Fähre der Société des traversiers du Québec. Die Überfahrt über den 1,6 km breiten Saguenay-Fjord des St.-Lorenz-Stroms dauert zehn Minuten.
www.traversiers.com

Erlebnisse

13 **Walbeobachtung** Tadoussac ist einer der besten Walbeobachtungsplätze der Welt. Im Mündungsgebiet des Rivière Saguenay ist u.a. eine rund 500 Exemplare zählende Beluga-Population sesshaft. Je nach Jahreszeit tauchen Buckel-, Finn-, Zwerg- sowie Blauwale vor der Küste auf. Von Tadoussac oder dem benachbarten Ort Les Escoumins werden Bootstouren zur Walbeobachtung angeboten. ■ Otis Excursions: www.otisexcursions.com; Croisières AML: www.croisieresaml.com; Mer et Monde: www.meretmonde.ca

In der Umgebung

Sacré-Coeur-Saguenay Empfehlenswerter Abstecher: Wer Glück hat, kann hier in der Abenddämmerung von einer Beobachtungsplattform aus und unter Leitung eines Führers Schwarzbären in ihrer natürlichen Umgebung beobachten. ■ 1895 Route 172, Tel. 418/236 45 51, ours-noir.net

15 Gaspésie

Heimat gigantischer Felsen und steinalter Fossilien

Information

■ Tourisme Gaspésie Office, 1020 Boulevard Jacques-Cartier, Mont-Joli, Québec, Tel. 418/775 22 23, www.tourisme-gaspesie.com, tgl. 8–20 Uhr

ADAC *Mobil*

Die insgesamt 1612,1 km lange Überlandstraße **Route 132** ist vor allem auf ihrem Abschnitt von Ste-Flavie zum Forillon National Park an der Ostspitze der Halbinsel Gaspésie ein Sightseeing-Traum und führt entlang einer felsigen Küste durch viel Natur und immer wieder durch verschwiegene Ortschaften.

Elche, Hirsche und Schwarzbären sind nur einige Bewohner des Forillon National Park ganz im Osten der Halbinsel Gaspésie. Die zerklüftete Küste beeindruckt im Norden mit bis zu 200 m hohen Kalksteinfelsen, während sich vor der Spitze mit ihrem kleinen, rot-weißen Leuchtturm quirlige Robben tummeln. Auf dem Terrain der Kleinstadt Gaspé, die der ganzen Gegend ihren Namen gab, betrat der Entdecker Jacques Cartier 1534 das Festland, das er sogleich für Frankreichs König in Besitz nahm. Das eigentliche touristische Zentrum der Gaspésie ist allerdings der Ort Percé, wo sich – vor allem im Sommer – die Besucher drängen. Die größte Attraktion ist der riesige Felsen Rocher Percé vor der Küste. Das 475 m lange und 90 m hohe Massiv aus rotem Kalkstein lässt sich bei Ebbe zu Fuß erreichen. Nicht weit vom Felsen entfernt liegt die Vogelinsel Bonaventure. In ihren Klippen nisten mehr als 200 000 Seevögel, darunter die weiß-gelben Basstölpel.

Sehenswert

Musée de la Gaspésie

| **Museum** |

Das Museum erforscht die Geschichte der Region von der Jungsteinzeit, der Kultur der indianischen Ureinwohner bis zur Ankunft der Europäer und der Ausbildung der unverwechselbaren Gaspésie-Kultur.

■ 80 Boulevard de Gaspé, Gaspé, Tel. 418/368 15 34, www.museedelagaspesie.ca, tgl. 9–17 Uhr

Der wuchtige Felsen Rocher Percé ist bei Ebbe zu Fuß zu erreichen

Restaurants

€€ | La Maison du Pêcheur In den wilden 1960er-Jahren war dies der Treffpunkt der jugendlichen Beatniks, Hippies und Protestler Québecs. Ihre Spuren sind noch sichtbar – so an der bemalten Decke des Restaurants. Doch wo früher der Geruch zahlreicher Joints in der Luft lag, duftet es heute nach köstlichen Gerichten, vor allem mit Meeresfrüchten. ■ 157 Route 132 Ouest, Percé, Tel. 418/782 53 31, www.maisondupecheur.ca, Juni–Okt. So–Do 11.30–15 und 17–21.30, Fr, Sa bis 22 Uhr

€€ | Restaurant La Maison Mathilde Gemütliches Lokal in einem Puppenstübchen-Haus mit bewährten Hausrezepten für Fisch und Meeresfrüchte. ■ 85 Route 132 Ouest, Percé, Tel. 800/463 97 00, www.aubergelestroissoeurs.com, tgl. 7–11.30 und 17.30–22 Uhr

Kneipen, Bars und Clubs

Pub Pit Caribou Süffige Craft-Biere der Gaspé-Halbinsel in einem Lokal mit dunklem Interieur und entspannter, uriger Atmosphäre. ■ 182 Route 132 Ouest, Tel. 418/782 14 43, www.pitcaribou.com, tgl. 11–1 Uhr

In der Umgebung

Parc national du Bic Lohnend ist ein Zwischenstopp im Nationalpark zwischen Rimouski und Rivière-du-Loup. Auf zahllosen kleinen Felseninseln sitzen dort Seevögel sowie Robben und lassen sich nicht stören. Bei Ebbe geht es zu Fuß durch den Park, bei Flut mit dem Kajak. ■ 3382 Route 132 Ouest, Le Bic, Tel. 418/736 50 35, www.sepaq.com; geführte Touren mit Aventures Archipel: www.aventuresarchipel.com

Im Blickpunkt

Kanadier »an sich«

Kanada gehört dank mehrerer Einwanderungswellen zu den kulturell vielfältigsten Nationen und hat bei der Frage, wie Menschen aus allen Kontinenten friedlich zusammenleben können, neue Wege beschritten: 1982 wurde der multikulturelle Status in der »Canadian Charter of Rights and Freedoms« festgeschrieben: Ethnische und kulturelle Vielfalt ist bereichernd, alle Kulturen sind gleichwertig, und ihre Besonderheiten dürfen gepflegt werden. Kein »Schmelztiegel der Nationen« also, sondern ein »Mosaik der Kulturen«.
Die Bereitschaft, Fremdes zu respektieren, hat das Miteinander geprägt. Kanada ist keine Ellenbogengesellschaft, Höflichkeit und Freundlichkeit werden großgeschrieben. Zwar gelten Kanadier als ausgeprägte Individualisten, doch die Familie ist wichtig, ebenso gesellschaftliche Ehrenämter, Nachbarschaftshilfe ist nicht nur auf dem Land angesagt. Und bei allem Streben nach Leistung, Erfolg und Gewinn – Ziel der Lebensführung ist eine Work-Life-Balance, die Zeit zum Genießen lässt. Kanadier gelten als pragmatisch, reaktionsschnell und risikofreudig, weniger die Zukunft planend als im Hier und Jetzt lebend und als Freunde des gepflegten Smalltalks. Allerdings: Wenn es um Kritik oder Negatives geht, sind Kanadier empfindlicher als ihre deutschen Gesprächspartner.

Übernachten

Wer nach Montréal kommt, wird feststellen, dass man hier – gleich neben Luxusunterkünften – zentral und relativ preiswert übernachten kann. Im Vergleich zu Toronto ist Montréal eine erschwingliche Stadt für Paare, Familien und Rucksacktouristen, die auf der Durchreise sind. Die Provinz Québec hat von einfachen Motels über Bed & Breakfasts und Stadthotels bis hin zu Nobelherbergen und Unterkünften in Leuchttürmen alles zu bieten, was Reisende erfreuen kann.

Montréal 40

€ | **Anne ma Sœur Anne** Studios mit kleinen Küchennischen in einem herausgeputzten Backsteinhaus aus dem 19. Jh. mitten im lebendigen Plateau-Viertel. Einige der Zimmer haben hübsche Terrassen. ■ 4119 Rue St-Denis, Tel. 514/281 31 87, annemasoeuranne.com

€€ | **Hôtel Nelligan** Gemütliches Hotel mit großzügigen Räumen und exzellentem Service. Back- und Bruchsteinwände, Kamine und dunkle Holzmöbel verleihen eine Aura von alter Welt. ■ 106 Rue St-Paul Ouest, Tel. 514/788 20 40

€€ | **Boxotel** Überzeugende Mischung aus Hotel und B&B in fußläufiger Innenstadtnähe. Gestaltet von TV-Innendesignerin Marie-Jeanne Rivard, hat jedes der 20 Zimmer Küche, Bad, Yogamatte. ■ 175 Ontario Street East, Tel. 514/281 02 02, www.boxotel.com

€€€ | **Hôtel Le St-James** Jedes Zimmer in diesem prächtigen Bau aus der Gründerzeit ist individuell eingerichtet. Antike Möbel, orientalische Teppiche, Kronleuchter und Kamine beschwören eine Atmosphäre aus längst vergangenen Zeiten herauf. ■ 355 Rue St-Jacques, Tel. 514/841 31 11, hotellestjames.com

Trois-Rivières 46

€€ | **Gîte Saint-Laurent** Schönes B&B mit Garten, Pool und Blick auf den St.-Lorenz-Strom. Die Zimmer sind gemütlich, die Gastgeber nett und das Frühstück reichhaltig. ■ 4551 Rue Notre-Dame Ouest, Tel. 819/378 35 33, www.bbsaint-laurent.ca

€€ | **Hôtel Oui GO!** In der Altstadt gelegen, ist dieses Hotel in einem historischen Lagergebäude von Pelzhändlern untergebracht. Schöne, großzügige Zimmer. ■ 1413 Rue Notre-Dame Centre, Tel. 819/840 28 68, www.hotelouigo.com

Québec City 50

€ | **Unilofts Grande Allée** Einfaches, aber solides Stadthotel in der Nähe der Einkaufsstraße in Vieux-Québec. Restaurants und Unterhaltungsmöglichkeiten sind in unmittelbarer Nähe. ■ 601 Grande Allée Est, Tel. 418/647 44 33, www.uniloftsga.com

€€ | **Hôtel Château Bellevue** Hübsches Stadthotel in einem historischen alten Gebäudekomplex. Pool und Spa-Bereich befinden sich wenige Schritte vom Hotel entfernt. ■ 16 Rue de la Porte, Tel. 418/692 25 73, www.hoteloldquebec.com

14 **€€€ | Hôtel de Glace** 50 Handwerker bauen jedes Jahr aus 30 000 Tonnen Schnee und 500 Tonnen Eis wieder das einzige Eishotel Nordamerikas. Alles an der 44-Zimmer-Herberge ist aus Eis. Besichtigungstouren enden mit einem Cocktail aus einem Eisglas an der Eisbar. Ein frostiges Erlebnis – bis die Frühlingssonne alles wieder schmelzen lässt. ■ 1860 Boulevard Valcartier, Saint-Gabriel-de-Valcartier (etwa 30 km von Québec City entfernt), Tel. 418/844 22 00, www.hoteldeglace-canada.com

Tadoussac 56

€€ | Auberge la Sainte Paix Gemütliche Pension mit nur sieben Zimmern und einem herrlichen Blick aus dem Frühstücksraum. ■ 102 Rue du Saguenay, Tel. 418/235 48 03, www.aubergelasaintepaix.com

€€ | Hôtel Tadoussac Idealer Startpunkt für eine Schifffahrt auf dem Saguenay-Fjord oder eine Walbeobachtung auf dem St.-Lorenz-Strom. ■ 165 Rue du Bord de l'Eau, Tel. 418/235 44 21, www.hoteltadoussac.com

Gaspésie 57

€ | Hôtel-Motel Rocher Percé Auf fünf separate Gebäude sind die Zimmer verteilt, die teils auf den Strand, teils auf die Berge oder den berühmten Felsen schauen. ■ 111 Route 132 Ouest, Percé, Tel. 418/782 23 30, www.hotelperce.com

€€ | Gîte au Presbytère Stilvoll-romantische Zimmer sind hier in einem ehemaligen Pfarrhaus untergebracht. Von der Veranda aus fällt der Blick auf den Rocher Percé. ■ 47 Rue de l'Église, Percé, Tel. 418/782 55 57, www.perce-gite.com

€€–€€€ | Auberge William Wakeham Ihren einzigartigen Stil verdankt die Auberge in direkter Nähe zum Musée de la Gaspésie dem gleichnamigen Kommandeur, der sie 1880 kaufte und für seine Zwecke ausbaute. 1920 fand das Haus seine neue Bestimmung als Hotel, in dem schon Königin Elisabeth II. übernachtete. Von der Terrasse blickt man auf den York River und die Bucht von Gaspé. ■ 188 Rue de la Reine, Gaspé, Tel. 418/368 57 92, www.maisonwakeham.ca

ADAC *Das besondere Hotel*

Tief in den bewaldeten Monts Chic-Chocs thront auf 615 m Höhe die komfortable **Auberge de Montagne des Chic-Chocs** inmitten des Matane Wildlife Reserve. In den schlicht eingerichteten Zimmern gibt es weder Fernseher noch Telefon – dafür gehören ein Außen-Whirlpool sowie eine Sauna zur Anlage, und draußen lockt viel Natur für Outdoor-Sportler.

€€€ | Tel. 418/907 90 24 oder 418/380 58 75 23 91, www.sepaq.com

New Brunswick – Paradies für Kanuten und Wanderer

Landschaft bis zum Horizont, einsame Gebiete, herrliche Begegnungen mit der Natur und traditionsbewusste Einwohner

Es ist keineswegs übertrieben und auch kein Klischee zu behaupten, in New Brunswick (auch Nouveau-Brunswick) gebe es mehr Bäume als Einwohner. Vier Fünftel der Provinz, die sich über eine Fläche von knapp 75 000 km² erstreckt und 750 000 Einwohner zählt, sind bewaldet – ein Paradies für Naturfreunde und Wanderer. Aber nicht nur Bäume begeistern hier: Auf kristallklaren Flüssen wie dem Restigouche oder dem St. Croix finden auch anspruchsvolle Kajak- und Kanufahrer ihr Element, während Angler hingegen am Miramichi River auf Lachse hoffen dürfen.

Im Fundy National Park kann man über die weltweit extremsten Gezeiten staunen und Finnwale, Tümmler sowie Buckelwale beim beeindruckenden Auf- und Abtauchen oder auch Grönlandwale auf ihrer Wanderung in den Norden beobachten. Hobby-Ornithologen sollten ihr Fernglas in der Bay of Fundy nicht vergessen: Hier machen viele Zugvögel auf dem Weg zwischen der Arktis und ihren subtropischen Brutgebieten Station.

New Brunswicks Städte punkten mit Historie und traditionsbewussten Einwohnern. Saint John ist mit seinen 400 Jahren die älteste Stadt Kanadas. Den Charme vergangener Zeiten kann auch die Provinzhauptstadt Fredericton bieten, dazu erlesene Architektur, die älteste Kathedrale Nordamerikas und die sehenswerte Beaverbrook Art Gallery. Und es darf gestaunt werden in dieser Provinz: an den weltbekannten Reversing Falls über die gewaltige Flut, die zweimal täglich mit einer solchen Kraft vom Atlantik heranrollt, dass das Wasser des Saint John River in seinem Flussbett zurückgedrängt wird; und in Moncton, wo am Magnetic Hill Autos wie von Zauberhand im Leerlauf bergauf gezogen werden.

In diesem Kapitel:

ADAC Top Tipps:

7 **Bay of Fundy**
| Meeresbucht |
Der gigantische Tidenhub verändert die Küstenlandschaft im Rhythmus der Gezeiten. 67

ADAC Empfehlungen:

15 **Fredericton Boyce Farmers' Market**
| Bauernmarkt |
Jeden Samstag gibt es frische Produkte von mehr als 250 regionalen Zulieferern. 65

16 **Shediac Bay Cruises**
| Bootsfahrt |
Während der Bootsfahrt holt der Kapitän Hummerfallen aus dem Wasser und erzählt Wissenswertes. 69

17 **Village Historique Acadien**
| Freilichtmuseum |
Hier wird das Leben der Akadier zwischen 1780 und 1890 »erlebbar«. 71

16 Fredericton

Beschauliches Städtchen mit großer Weltkunst

Information

■ Fredericton Tourism, 11 Carleton Street, Fredericton/New Brunswick, Tel. 506/460 20 41, www.tourismfredericton.ca, tgl. 8–20 Uhr

Die Hauptstadt der Provinz New Brunswick ist eine beschauliche Stadt am Unterlauf des Saint John River mit gepflegten Grünanlagen und repräsentativen Bauten. Hervorgegangen ist der Ort aus einer kleinen akadischen Siedlung, die französische Einwohner 1732 gründeten. 1785 erhielt der Ort zu Ehren des zweiten Sohnes von König Georg III. den Namen Frederickstown und den Status einer Provinz.
Lebhafte Hauptstraße von Fredericton ist die Queen Street, ruhiger geht es in der parallel verlaufenden King Street zu. Zahlreiche hübsche viktorianische Häuser stehen in von hohen Bäumen beschatteten Nebenstraßen. Am Südufer des Saint John River laden Parks, »The Green« genannt, zu Spaziergängen ein. Zentrum des Ortes ist die repräsentative viktorianische City Hall.

Sehenswert

Beaverbrook Art Gallery

| Kunstgalerie |
Die Kunstsammlung Lord Beaverbrooks, eines kanadischen Verlegers und Politikers, der sich 1910 in England niederließ und als Pressezar sowie Minister zum engen Berater von Winston Churchill aufstieg, ist Grundstock der Galerie. Zu sehen sind Werke von Dalí, Botticelli, Gainsborough und Cranach sowie von zahlreichen kanadischen Malern – von Cornelius David Krieghoff über die Landschaftsmaler der »Group of Seven« bis zu Emily Carr und ihrer von den indianischen Kulturen Kanadas beeinflussten Arbeit.

Etwa 4900 Kunstwerke umfasst die Sammlung der Beaverbrook Art Gallery

■ 703 Queen Street, Tel. 506/458 20 28, www.beaverbrookartgallery.org, Mo–Mi, Fr, Sa 10–17, Do bis 21, So 12–17 Uhr

Restaurants

€€ | **540 Kitchen & Bar** Beliebter Treffpunkt für alle Gäste, die frisch gezapfte regionale oder hausgebraute Biere schätzen – und etwas Deftiges auf dem Teller dazu. ■ 462 Queen Street, Tel. 506/449 54 00, www.540kitchenandbar.com, Mo, Di 11.30–21, Mi, Do bis 22, Fr bis 23, Sa 17–23 Uhr

Einkaufen

15 **Fredericton Boyce Farmers' Market** Mehr als 250 regionale Zulieferer bieten hier frische Produkte wie Fleisch, Käse, Brot und Wein an. Besucher decken sich mit den Köstlichkeiten ein oder probieren die Spezialitäten direkt vor Ort. ■ 665 George Street, Tel. 506/451 18 15, www.frederictonfarmersmarket.ca, Sa 6–13 Uhr

Kneipen, Bars und Clubs

Red Rover Ciderhouse Als die Einwanderer Adam und Nicola vor zehn Jahren entdeckten, dass es in ihrer neuen Heimat keinen Cider gab, war dies der Startschuss für ihre neue, prickelnde Geschäftsidee. ■ 546 Queen Street, Tel. 506/455 27 63, www.redrovercider.com, Mo, Di 12–21, Mi–Sa 11–22, So 12–18 Uhr

Events

Harvest Jazz & Blues Festival Mitte September strömen Musikfans zu einer der größten Jazz-und-Blues-Veranstaltungen Ostkanadas. ■ www.harvestjazzandblues.com

17 St. Andrews

Eleganter und entspannter Ort für abwechslungsreiche Sommerferien

Information

■ Visitor Information Centre, 24 Reed Street, St. Andrews/New Brunswick, Tel. 506/529 35 56, www.townofstandrews.ca, Mai, Juni. tgl. 9–17, Juli, Aug. bis 19, Sept., Okt. 9.30–17.30 Uhr

Eine entzückende Kleinstadt mit historischem Charme direkt an der Grenze zu Maine. Bereits Ende des 18. Jh. wurde St. Andrews by-the-Sea von reichen US-Amerikanern und Kanadiern »entdeckt«, die sich hier elegante Stadthäuser im viktorianischen Stil gönnten. Absolutes »Muss« ist eine kurze Fahrt bei Ebbe über den trockengefallenen Meeresboden zu Minister's Island. Hier liegt Covenhoven, der historische Sommerlandsitz von Sir William Van Horne, einst Gründer der Canadian Pacific Railway. St. Andrews ist außerdem ein Zentrum für Kunst und Kreativität mit zahlreichen Kursen und Workshops im Sommer, hier leben viele namhafte Künstler. Gewissermaßen liegen die Nationalparks Mount Revelstoke und Glacier vor der Haustür.

Sehenswert

Kingsbrae Garden
| **Park** |
Ein 27 ha großer Park mit exquisit gestalteten Anlagen, darunter ein Irrgarten. Das Gartencafé bietet kleine Feinschmecker-Gerichte, alternativ dazu gibt es fertig gepackte Picknickkörbe.
■ 220 King Street, Tel. 506/529 33 35, www.kingsbraegarden.com

Kinder

The Chocolate Museum Diese Adresse lieben Kinder wie Chocoholics. Erst wird die Herstellung von Schokolade gezeigt – dann genascht. ■ 73 Milltown Boulevard, Saint Stephen, Tel. 506/466 78 48, www.chocolatemuseum.ca, Mo–Sa 10–16, So 12–16 Uhr, je nach Jahreszeit abweichende Öffnungszeiten

Erlebnisse

Walbeobachtung Whalewatching-Exkursionen zu Buckel-, Finn-, Zwerg-, Schweins- und Glattwalen (Atlantischer Nordkaper). Besondere Anbieter sind: Jolly Breeze Whale Adventures mit Touren auf einem historischen Segelschiff und Quoddy Link Marine mit kundigen Meeresbiologen auf Katamaranen. ■ Tel. 506/529 81 16, www.jollybreeze.com, Tel. 506/529 26 00, www.quoddylinkmarine.com

18 Saint John

Stadt der Loyalisten und des Flusses, der rückwärts fließt

Information

■ Saint John Visitor Information Centre/City Hall, 15 Market Square, Saint John/New Brunswick, Tel. 506/658 29 90, www.discoversaintjohn.com, Mai–Okt. 9–18 Uhr

Saint John (frz. Saint-Jean) an der Bay of Fundy war im 19. Jh. wichtigste Industrie- und Hafenstadt der Provinz mit einer bedeutenden Werft- und Holzverarbeitungsindustrie. Westlich des Zentrums fließt der Saint John River durch eine schmale Schlucht, bevor er die Hafenbucht erreicht. Dabei ist viermal täglich ein seltenes Naturphänomen zu beobachten, die »Reversing Falls«: Bei Flut kann sich die Fließrichtung des Flusses auf einigen Kilometern umkehren – um dann bei Ebbe wieder zum Meer zu strömen.

Zwar erinnern viele Leuchtfeuer an der alten Hafenmole an vergangene Zeiten, doch längst ist im ganzjährig eisfreien Hafen das emsige Treiben der Handelsschiffe durch das Anlanden riesiger Kreuzfahrtschiffe ersetzt worden. Einige Hafenbecken wurden mit feinstem Strandsand zugeschüttet, nun ist hier Beachvolleyball angesagt. Und hinter den geklinkerten Fassaden der ehemaligen Speicher und Kontore am Market Square vergnügen sich abends Gäste in Lokalen und Bars.

ADAC *Mobil*

Seit über 40 Jahren führt Schriftsteller und Stadthistoriker David Goss auf kostenlosen Spaziergängen, den **Walk 'n' Talks with David Goss**, durch Saint John. Da die Treffpunkte variieren, bitte die Routenplanung erfragen.
Tel. 506/672 86 01, www.discoversaintjohn.com, Juni–Sept. Di 19 Uhr

Sehenswert

New Brunswick Museum
| Museum |
Es besteht seit 1842 (an anderer Stelle) und war das erste öffentliche Museum des Landes. Hier werden den Besuchern Kunst der First Nations sowie riesige Walskelette gezeigt.
■ 1 Market Square, Tel. 506/643 23 00, www.nbm-mnb.ca, Mo–Mi, Fr 9–17, Do bis 21, Sa 10–17, So 12–17 Uhr

Bay of Fundy

| Meeresbucht |

7 *Ebbe und Flut in dramatischen Dimensionen*

16 m Unterschied kann es hier zwischen Ebbe und Flut geben, ein weltweiter Rekord. Der gigantische Tidenhub legt den Meeresboden frei, um ihn dann wieder zu überspülen, und lockt Wale herbei, die in der Bucht eine sich immer wieder auffüllende, lohnenswerte Futterstelle vorfinden.

Restaurants

€€ | **Port City Royal** Täglich wechselnde Karte mit frischer Ostküsten-Küche und großartige Cocktails. ■ 45 Grannan Street, Tel. 506/631 37 14, www.portcityroyal.com, Di–Do 16–23, Fr, Sa bis 1 Uhr

Einkaufen

Barbour's General Store Der Gemischtwarenladen steht an der Stelle, wo die Gebrüder Barbour im 19. Jh. ihr Lebensmittelgeschäft eröffnet hatten. Wer heute den Laden betritt, glaubt sich in jene Zeit zurückversetzt. ■ 10 N Market Street, Tel. 506/658 29 90, Mo–Do 9–18, Fr 10–18, Sa 9–17, So 12–17 Uhr

19 Fundy National Park

Einzigartige Landschaft mit Ebbe, Flut und großen Touristenströmen

Information

■ Fundy National Park Visitor Centre, Reservierungen und Permits am Südeingang in Alma/New Brunswick, Tel. 506/887 60 00, www.pc.gc.ca, Mai–Okt. 8–19.45/21.45 Uhr, Jan.–Mai abweichend

Wegen des enormen Holzbedarfs der jungen kanadischen Nation wurde der größte Teil des Urwaldes im Gebiet der Fundy Bay abgeholzt. Erst 1948 steuerte die Regierung dem zerstörerischen Raubbau mit der Gründung des Fundy

Die Bay of Fundy erstreckt sich über eine Länge von 220 km und eine Breite von 60 km

Nur bei Ebbe können die 12 bis 20 m hohen Hopewell Rocks besichtigt werden

National Park erfolgreich entgegen. Alma ist Ausgangspunkt, Verpflegungs- und Registrierungsstation für die meisten der 250 000 Besucher. Eine besondere Attraktion sind die enormen Gezeitenunterschiede, die hier 10 bis 15 m betragen können.

Restaurants

€€–€€€ | **Tipsy Tails Restaurant** Hier kann man Meeresfrüchte genießen, während man von der Veranda aus den Wellen beim Hin- und Herrollen zuschaut. ■ 8607 Main Street, Alma, Tel. 506/887 21 90, tgl. 12–21 Uhr

Sport

Golfspielen Im Park ist ein 9-Loch-Golfplatz inmitten wunderschöner Natur. ■ Tel. 506/887 29 70, www.pc.gc.ca

Swimmingpool Sicherer als das Baden in der Fundy Bay ist der Salzwasserpool. ■ Point Wolfe Road, www.pc.gc.ca, Ende Juni–Anfang Sept. 11–18.45 Uhr

Wandern

Schneeschuhwandern Im Winter ist eine Wanderung mit Schneeschuhen und erfahrener Begleitung erlebnisreich. Ausrüstung verleiht Outdoor Elements. ■ www.outdoorelements.ca

20 Moncton

Inoffizielle Hauptstadt und kulturelles Zentrum der Akadier

Information

■ Visitor Information Centre, 20 Mountain Road, Moncton/New Brunswick, Tel. 506/856 43 83, www.resurgo.ca, Mo–Sa 10–17, So 12–17 Uhr, Mo nur im Sommer geöffn.

Die zweitgrößte Stadt New Brunswicks, einstmals wichtigster Eisenbahnknotenpunkt Ostkanadas, ist inoffizielle Hauptstadt und kultureller Mittelpunkt der Akadier sowie Sitz der einzigen französischsprachigen Universität der Provinz. Zweimal am Tag drängt die Flut des Atlantiks in den Mündungstrichter des Petitcodiac River und lässt diesen bis Moncton zeitweise aufwärts fließen. Das Spektakel kann man vom Bore View Park aus gut beobachten.

Westlich der Stadt befindet sich der Magnetic Hill. An einem Abhang legen Autofahrer den Leerlauf ein und lösen die Bremsen. Wie von Geisterhand bewegt, scheint der Wagen dann bergauf zu fahren.

Sehenswert

Musée Acadien

| Museum |

Das Museum auf dem Universitätsgelände zeigt die Geschichte der Akadier seit 1604, das Centre d'Art de l'Université die Arbeiten akadischer Künstler.

■ Pavillon Clément-Cormier, 405 Université Avenue,Tel. 506/858 40 88, www.umoncton.ca, Juni–Sept. Mo–Fr 9–17, Sa, So 13–17, Okt–Mai Di–Fr 13–16.30, Sa, So 13–16 Uhr

Fort Beauséjour

| Festung |

Man erreicht das 1751 errichtete Fort von Moncton aus über den Trans-Canada Highway; dort gibt es ein gutes Besucherzentrum, und man hat einen schönen Blick über das Cumberland Basin der Bay of Fundy.

■ 111 Fort Beausejour Road, Aulac, Tel. 506/364 50 80, www.pc.gc.ca, Juni–Okt. tgl. 9–17 Uhr

Kinder

Magic Mountain In dem Wasserpark hat man einen riesigen Freizeitspaß, für den ein Tag fast zu kurz sein könnte. Die Öffnungszeiten sind wetterabhängig, und Parkplätze gibt es kostenlos. ■ 150 Magic Mountain Road, Tel. 506/857 92 83, www.magicmountain.ca

Resurgo Transportation Discovery Centre Kleines, aber unterhaltsames interaktives Museum. Hier können Kinder u.a. eine Rakete starten, einen Lastwagen bauen, ein Flugzeug fliegen sowie Boote schweben lassen. ■ 20 Mountain Road, www.resurgo.ca, Di–Sa 10–17, So 12–17 Uhr

Erlebnisse

16 **Shediac Bay Cruises** Während der zweistündigen Bootsfahrt in die Bucht von Shediac holt der Kapitän Hummerfallen aus dem Wasser und erklärt, wie man mithilfe einer Zange Gummiringe über die fingerknackenden Scheren schiebt und wie sich die Tiere mit bis zu 30 km pro Stunde fortbewegen. Am Ende lernt man, die Lobster vor dem Verzehr fachgerecht zu knacken. ■ 60 Pointe-du-Chêne Wharf Road, Pointe-du-Chêne, Tel 506/532 21 80, www.shediacbaycruises.ca, Ende Juni–Sept. Abfahrt tgl. 16.15 Uhr

ADAC *Mobil*

Die **Hopewell Rocks** sind eine durch gezeitenbedingte Erosion entstandene Gesteinsformation. Sie werden auch als Flowerpot Rocks bezeichnet und sollen an Blumentöpfe erinnern. Roads to See, ein Tourenveranstalter, bietet von Mai bis Oktober von Moncton aus Bustouren zu den Felsen und anderen Attraktionen entlang der Bay of Fundy an.

Tel. 506/850 76 23, www.roadstosea.com

ADAC *Spartipp*

Seit dem 1. Januar 2018 sind die kanadischen Nationalparks für Kinder und Jugendliche bis 18 Jahren eintrittsfrei. Für Erwachsene kann sich der Kauf eines **Parks Canada Discovery Pass** rechnen. Er ist in 27 Nationalparks und 78 National Historic Sites Kanadas zwölf Monate (ab Kaufdatum) gültig und kostet 67,70 CAD (Erwachsene), 57,90 CAD (Senioren), 136,40 CAD (Familie/Gruppe). *www.commandesparcs-parksorders.ca*

21 Kouchibouguac National Park

Idyllisches Schutzgebiet am »Fluss der langen Gezeiten«

Information

■ Visitor Information Centre, National 186, NB-117, Kouchibouguac/New Brunswick, Tel. 506/876 24 43, www.pc.gc.ca, Mai, Juni tgl. 9–17, Juli–Sept. 8–20 Uhr, im Winter abweichend

Der Kouchibouguac National Park, 1969 gegründet, besteht aus Sandbänken, Dünen, Lagunen, Salzwiesen, Wäldern und bietet ein idyllisches Habitat für zahllose Meeresvögel. Hier befindet sich die zweitgrößte Seeschwalbenpopulation Nordamerikas. Der Name des Parks ist abgeleitet vom Kouchibouguac River, der hier durchfließt und in der Sprache der Mi'kmaq-Indianer »Fluss der langen Gezeiten« bedeutet. Es wird viel geboten, wie Langlauf und Schneeschuhwandern im Winter, Camping und Radfahren im Sommer sowie ein Marathon, dessen Strecke über die Wanderwege des Parks führt. Besonders zu empfehlen sind der Salt Marsh Trail und der Mi'kmaq Cedar Trail. Eine Übersicht über alle Wanderwege gibt es am Eingang des Parks.

Erlebnisse

Ryans Rental Centre Direkt am Ufer des Kouchibouguac River können Kanus, Kajaks, Stand-up-Boards sowie Fahrräder zur Erkundung des 60 km langen Wegenetzes gemietet werden. Das Auto bleibt auf dem Parkplatz South Kouchibouguac gleich nebenan. ■ Tel. 506/876 89 18

Voyageur Canoe Adventure Ein unvergessliches Abenteuer sind geführte Kanutouren durch die Marsch- und Küstenlandschaft in originalgetreuen Voyageur Canoes. ■ Reservierungen im Informationszentrum am Eingang oder unter Tel. 506/876 24 43, www.pc.gc.ca

22 Caraquet

Kulturelles Zentrum mit Tradition, Festival und leckeren Meeresfrüchten

Information

■ Visitor Information Centre, 39 Boulevard St-Pierre West, Caraquet/New Brunswick, Tel. 506/726 26 76, www.caraquet.ca, Mo–Fr 10–17 Uhr, je nach Jahreszeit abweichende Öffnungszeiten

Das an der Baie-des-Chaleurs gelegene Caraquet ist ein kulturelles Zentrum Akadiens, war 2003 sogar »Kulturhauptstadt Kanadas«. Der Ort wurde ab den 1730er-Jahren auf dem Gebiet

der Mi'kmaq errichtet. Alljährlich um den 15. August, dem Nationalfeiertag der Akadier, herum findet hier das große Festival Acadien statt.
Der malerische Fischereihafen bietet Lokalkolorit und gibt Einblick in das Leben der Fischer, hält aber auch lukullische Genüsse bereit. Auf dem Fischmarkt Caraquets warten Hummer und Meeresfrüchte auf Gourmets.

Sehenswert

Village Historique Acadien

| Freilichtmuseum |

17 *Das Leben der Akadier zwischen 1780 und 1890*

Ein Großteil der Golfküste von New Brunswick wurde lange von Akadiern bewohnt, deren Nachfahren noch immer von der Landwirtschaft und vom Fischfang leben. Im Freilichtmuseum wird ihr hartes Leben (1780–1890) gezeigt. Die Häuser des nachgebauten Dorfes wurden aus diversen Teilen der Provinz hierhin versetzt und mit Möbeln der damaligen Zeit eingerichtet.

■ 5 Rue du Pont, Bertrand, Tel. 506/726 26 00, www.villagehistoriqueacadien.com, Juni–Mitte Sept. tgl. 10–18 Uhr

New Brunswick Aquarium and Marine Centre

| Museum |

Das Museum auf der akadischen Halbinsel ist dem marinen Leben gewidmet und zeigt Exponate aus dem St.-Lorenz-Strom sowie den Seen und Flüssen New Brunswicks. Besucher lernen hier auch die elektronischen Geräte kennen, die zum Aufspüren und Fangen von Fischen benötigt werden.

■ 100 Aquarium Drive, Shippagan, Tel. 506/336 30 13, www.aquariumnb.ca, Juni–Sept. 10–18 Uhr

Im Blickpunkt

Fall Foliage

Mutter Natur greift in den Malkasten und verteilt ihre Farben. Ein Klecks Feuerrot hier, ein Pinselstrich Gelb dort, daneben ein warmes Orange. Voilà, fertig ist der Rausch der Farbtöne in den Wäldern Kanadas. »Fall Foliage« oder »Indian Summer« heißt das Naturphänomen: Mit kühler werdenden Herbstnächten stellen die Bäume ihre Chlorophyllproduktion ein. Das Grün verschwindet, andersfarbige Pflanzenstoffe werden sichtbar – und Tausende Naturfreunde machen sich auf zum »leaf-peeping-trip«.
New Brunswick gilt als eine der Hochburgen der bunten Wälder. In der Region der Appalachian Mountains beginnt der »Indian Summer« bereits in der zweiten Septemberwoche. Am ersten Oktoberwochenende glühen die herbstlichen Farben im oberen Saint John River Valley am strahlendsten. An der Bay of Fundy umrahmen Ahorn- und Amberbäume die Ufer des Atlantiks mit ihrem Farbenspiel, gut zu sehen im Irving Nature Park in Saint John und auf dem Van Horne Trail in St. Andrews.

Übernachten

New Brunswick begeistert seine Besucher mit landschaftlicher Schönheit und Vielfalt. Auch bei den Übernachtungsmöglichkeiten wird Abwechslung geboten. In der Provinz gibt es um die 200 Hotels/Motels und 250 Pensionen. In der dicht besiedelten Küstengegend ist die Auswahl am besten. New Brunswick besitzt zudem elf größere Naturparks mit Campingplätzen und Jugendherbergen sowie über 100 private Campingplätze in der gesamten Provinz. Reisemobile kann man von mehreren Firmen vor Ort mieten.

Fredericton 64

€€ | **Carriage House Inn** 1874 für den reichen Bürgermeister von Fredericton erbaut, besitzt die viktorianische Villa auch heute noch den Charme der »guten alten Zeit«. ■ 230 University Avenue, Tel. 506/452 99 24, www.carriagehouse-inn.net

€€ | **University of New Brunswick** Eine preiswerte Übernachtungsalternative auf dem Campus der Universität. Manche Zimmer müssen sich zwar ein Badezimmer teilen, dafür gibt es ein kostenloses Frühstück. ■ 20 Bailey Drive, Tel. 506/447 32 27, www.unb.ca, Mai–Aug.

€€€ | **Quartermain House Bed & Breakfast** Jedes der individuell dekorierten Zimmer verfügt über einen Kamin. Zum Frühstück werden u.a. frisches Obst, Muffins, hausgemachte Marmeladen sowie ein warmes Gericht kredenzt. ■ 92 Waterloo Row, Tel. 506/206 52 55, www.quartermainhouse.com

St. Andrews 65

€€ | **Treadwell Inn** Direkt am Wasser in der Innenstadt von St. Andrews by-the-Sea gelegen, vom Balkon aus hat man eine wunderbare Sicht aufs Meer. ■ 129 Water Street, Tel. 506/529 10 11, www.treadwellinn.com

Saint John 66

€€ | **Mahogany Manor** In einem restaurierten Gebäude aus dem Jahr 1905 erwarten den Besucher hübsche Zimmer mit antiken Möbeln und eigenem Bad. Das Hotel liegt in ruhiger Lage in einem Wohnviertel. ■ 220 Germain Street, Tel. 506/636 80 00, www.mahoganymanor.ca

Fundy National Park 67

€ | **Point Wolfe Campground** Idyllischer Campingplatz mit 146 Plätzen und zehn sogenannten »oTENTiks« (Luxuszelte mit Etagenbetten, Holztischen, Stühlen, Steckdosen und Licht, sogar eine Heizung ist eingebaut). Er liegt rund 8 km südwestlich des Besucherzentrums und ist einer von drei Campingplätzen im Park. ■ Tel. 877/737 37 83, www.reservation.pc.gc.ca

€€ | **Fundy Highlands Motel & Chalets** Die einzige privat betriebene Übernachtungsmöglichkeit im Nationalpark. Hübsche kleine Hütten mit

Veranda, Kitchenette und herrlicher Aussicht auf die Bay of Fundy. Nicht luxuriös, aber solide und heimelig. ■ 8714 Highway 114, Tel. 506/887 29 30, www.fundyhighlands.com

Moncton 70

€ | **Comfort Inn Moncton East** Solide, gepflegte Unterkunft in verkehrsgünstiger Lage mit gutem Preis-Leistungs-Verhältnis. ■ 20 Maplewood Drive, Tel. 506/859 68 68, www.choicehotels.com

€€€ | **L'Hotel St James** Das elegante Hotel in einem Gebäude aus dem 19. Jh. liegt in der Nähe des Capitol Theatre. Chic eingerichtete Zimmer. ■ 14 Church Street, Tel. 506/388 42 83, www.st-jamesgate.ca

Kouchibouguac National Park 70

€ | **Campingplätze im Nationalpark** Der South Kouchibouguac Campground verfügt über Duschen und Kanalisation (Mitte Mai–Mitte Okt.), auf dem Côte-à-Fabien (Juli, Aug./32 Plätze) muss man mit mobilen Toilettenkabinen auskommen, dafür liegt er idyllisch an der Kouchibouguac Lagoon. Eine Reservierung ist für den South Kouchibouguac zu empfehlen, für den Côte-à-Fabien hingegen nicht möglich, sodass man dort zeitig erscheinen sollte. Außerdem gibt es noch drei mit dem Rad oder zu Fuß erreichbare Wildnisplätze: Petit-Large, Pointe-à-Maxime, Sipu. ■ Tel. 877/737 37 83, www.pccamping.ca, Wildnisplätze: Tel. 506/876 24 43

Caraquet 70

€€ | **Hôtel Château Albert** Übernachten wie vor 100 Jahren – kein Telefon, kein Fernsehen, nur stilvolle Räume wie anno dazumal. Originalgetreuer Nachbau eines Gasthauses, das 1955 einem Brand zum Opfer fiel. ■ 5 Rue Du Pont, Bertrand, Tel. 506/726 26 00, www.villagehistoriqueacadien.com

€€ | **Hotel Paulin** Klassisches viktorianisches Hotel von 1891 und noch heute ein Familienbetrieb. ■ 143 Boulevard St-Pierre West, Tel. 506/727 99 81, www.hotelpaulin.com

ADAC *Das besondere Hotel*

Das historische **Algonquin Resort** in St. Andrews ist ein idealer Rückzugsort mit zeitlosem Luxus. Es bietet stilvolle Zimmer mit Blick auf die Passamaquoddy Bay. Hier treiben angeblich viele Geister ihr Unwesen. Die Gratis-Geistertouren sind eine interessante Abwechslung, falls das Hallenschwimmbad mit dreistöckiger Wasserrutsche langweilig werden sollte. *€€€ | 184 Adolphus Street, St. Andrews, Tel. 506/529 88 23, www.marriott.com*

Prince Edward Island – idyllisches Eiland

Die Wiege und kleinste Provinz Kanadas punktet mit Ruhe, reicher Kultur und dem angeblich besten Hummer des Landes

Die Ureinwohner, die Mi'kmaq, nannten das Land »Abegweit« – »das von den Wellen gewiegt wird«. Die kleinste Provinz Kanadas liegt im St.-Lorenz-Golf und ist über die Confederation Bridge von New Brunswick aus leicht erreichbar. Zur Freude vieler Wassersportler, Ferienhausbesitzer sowie Ruhesuchender, denen Prince Edward Island (PEI) an seiner buchtenreichen Küste mit mehr als 800 km Sandstränden – und jeder Menge Natur auf der gesamten Insel – viel zu bieten hat. Außerdem gibt es hier den angeblich besten Hummer Kanadas.

Die ersten Siedler kamen aus England, Irland und Schottland hierher, später die französischsprachigen Akadier, welche die Kultur der Provinz bis heute prägen. Seit die Charlottetown-Konferenz 1864 den Grundstein für die Konföderation Kanadas legte, gilt die Insel als Wiege des jungen nordamerikanischen Staates.

In diesem Kapitel:

ADAC Top Tipps:

8 Anne of Green Gables Museum
| Museum |
Ein kleines rothaariges Mädchen zieht Menschen aus der ganzen Welt in ein idyllisches Bauernhaus nach Cavendish. Persönlich hat sie noch niemand gesehen – ihre Erlebnisse finden seit mehr als 100 Jahren zwischen zwei Buchdeckeln statt. 77

ADAC Empfehlungen:

18 Dalvay by the Sea
| Hotel |
Nicht nur eine elegante Bleibe im Queen-Anne-Revival-Stil, sondern mittlerweile auch ein geschütztes Stück Geschichte, das zur National Historic Site erhoben wurde. 1896 als Privathaus eines amerikanischen Industriellen erbaut, dient das Haus seit den 1930er-Jahren als nobles Hotel mit großartigen Ausblicken auf den nahen Atlantik. 81

23

24

18

8
ANNE
OF
GREEN GABLES
MUSEUM

23 Charlottetown

Kleinste Regierungsstadt des Landes und Wiege der Nation

Information

■ Charlottetown Visitor Information Centre, 6 Prince Street, Charlottetown/ Prince Edward Island, Tel. 902/368 44 44, www.tourismpei.com, tgl. 8–20 Uhr

Prince Edward Island ist die kleinste Provinz Kanadas, und so ist auch die Hauptstadt Charlottetown nicht groß. Doch in der Geschichte des Landes spielte sie eine wichtige Rolle: Hier wurde das heutige Kanada gegründet. Im Province House, dem heutigen Parlamentsgebäude, beschlossen Sir John A. Macdonald, der erste Premierminister Kanadas, und Vertreter der britischen Kolonien Nordamerikas 1864 die Gründung Kanadas. Das neoklassizistische Gebäude wurde aus Sandstein errichtet, der von Nova Scotia auf die Insel transportiert wurde.

ADAC *Mobil*

Die im Juni 1997 eröffnete (mautpflichtige) **Confederation Bridge** verbindet Cape Jourimain/New Brunswick über die engste Stelle der Northumberland Strait mit Borden-Carleton/Prince Edward Island. Sie ist 11 m breit und hat zwei Fahrspuren – Überholen verboten. Mit 12,9 km ist sie derzeit die längste Brücke der Welt über eisbedecktes Wasser. Tipp: Wer nach Prince Edward Island die Fähre und auf dem Rückweg die Brücke nimmt, kann Geld sparen. *www.confederationbridge.com*

Wie in vielen Orten am Wasser ist auch im pittoresken Charlottetown mit seinen gepflasterten Straßen und viktorianischen Gebäuden die Gegend um den Hafen besonders attraktiv. In den historischen Straßenzügen sowie in Peakes Wharf finden Besucher – unter ihnen immer mehr Passagiere großer Kreuzfahrtschiffe – zahlreiche Restaurants, Souvenir- und Kunsthandwerksläden, die Produkte der Insel anbieten.

Sehenswert

Prince Edward Island Regiment Museum

| **Museum** |

Hier gibt es mehr als 2000 Artefakte aus der langen Geschichte der Stationierung von Streitkräften auf der Insel.
■ 3 Haviland Street, Tel. 902/368 01 08, www.peiregimentmuseum.ca, Mo–Fr 9–16, Do 19–21 Uhr

St. Dunstan's Basilica

| **Kirche** |

Die römisch-katholische Kathedrale der Stadt mit ihren schönen Glasmalereien und ihrer neogotischen Architektur wurde zur National Historic Site of Canada erhoben.
■ 45 Great George Street,Tel. 902/894 34 86, www.stdunstanspei.com

Erlebnisse

Confederation Players Walking Tours
In historischen Kostümen führen Schauspieler des Confederation Centre of the Arts bei einem Spaziergang durch die Geschichte der Stadt. Zum Gruseln schön: die Ghost Tour freitagabends um 19 Uhr. ■ 6 Prince Street, Tel. 902/566 12 67, www.confederationcentre.com, Di–So 10.30, 13.30 und 15.30 Uhr

Restaurants

€€€ | Claddagh Oyster House Natürlich bestellt man hier Austern – fangfrisch und variantenreich zubereitet. Aber probieren sollte man unbedingt auch Gerichte mit dem zertifizierten Premium PEI-Beef. ■ 131 Sydney Street, Tel. 902/892 96 61, www.claddaghoysterhouse.com, Mo–Sa 17–22, So bis 21 Uhr

24 Prince Edward Island National Park

Abwechslungsreiches Paradies für Ornithologen und Wanderer

Information

■ Greenwich Interpretation Centre, Lot 40, Dalvay by the Sea/Prince Edward Island, Tel. 902/672 63 50, www.pc.gc.ca, Juni–Sept. tgl. 9–17 Uhr, sonst abweichend

Mit seiner Fläche von 22 km² ist dieser Park der zweitkleinste Nationalpark Kanadas, unterboten wird er nur noch vom Thousand Islands National Park mit 9 km² Fläche. Seine kontrastreiche Landschaft, die roten Sandsteinfelsen, weißen Strände, riesigen Dünen und das tiefe Blau des Meeres machen den Park jedoch zu einem beliebten Touristenziel. Dazu tragen auch das milde Klima und die sommerlichen Wassertemperaturen von über 20 °C bei. Der Prince Edward Island National Park reicht von Cavendish bis zur Hotelanlage Dalvay by the Sea mit seiner viktorianischen Architektur. Dalvay Beach ist der östlichste Strand und Startpunkt für Wanderungen. 40 km Meeresstrände laden zum Spazierengehen ein. Beliebt ist auch der Strand von Cavendish Beach. Im Sommer sollten Ruhesuchende auf das westliche Ende des Nationalparks ausweichen. In der Mitte des Parks befindet sich der ruhigere Brackley Beach.

Etwa 50 Leuchttürme stehen an den Küsten von Prince Edward Island

Sehenswert

Anne of Green Gables Museum

| Museum |

8 *Auf der Suche nach der Heldin aus dem Kinderbuch*

Tausende von begeisterten Lesern waren schon hier, um zu sehen, wo die Heldin des berühmten Kinderbuches »Anne of Green Gables« der kanadischen Autorin Lucy M. Montgomery gelebt haben könnte. Das kleine, aber pfiffige Mädchen gilt als Vorlage für Astrid Lindgrens »Pippi Langstrumpf«.

Hauptschauplatz der 1908 erschienenen Geschichte über die rothaarige Waise Anne ist ein Bauernhaus aus dem 19. Jh., das die Schriftstellerin inspirierte und das detailgetreu nach der Romanvorlage eingerichtet wurde.

■ 4542 Route 20, Cavendish, Tel. 902/963 78 74, www.annemuseum.com, Mai–Okt. tgl. 11–16 Uhr, sonst abweichend

25 Summerside

Malerische Leuchttürme auf roten Sandsteinfelsen

Information

■ Visitor Information Centre, 124 Heather Moyse Drive, Summerside/Prince Edward Island, Tel. 902/888 83 64, www.exploresummerside.com, Juli–Aug. tgl. 9–19 Uhr, sonst abweichend

Der westliche Teil von Prince Edward Island, auch bekannt als »Sunsets and Seascapes«-Region, wird von roten Sandsteinfelsen sowie malerischen Leuchttürmen entlang der Küste dominiert. In der Gegend um Miminegash sammelt man heute noch das berühmte Irish Moss, eine Algenart, mit dem Pferdewagen ein. Nahezu die Hälfte des gesamten Weltbedarfs der Lebensmittel- und Kosmetikindustrie kommt von hier.

In der sogenannten »Ship to Shore«-Region der Insel liegt Summerside, zweitgrößte Stadt der Provinz und so etwas wie die schlichtere Version von Charlottetown. Bei Spinnakers' Landing an der Uferpromenade erfährt man mehr über die Geschichte und Tradition des Bootsbaus der Stadt. Im Sommer finden hier auch zahlreiche Freiluftkonzerte statt.

Die größte Ureinwohnergemeinde der Provinz findet man auf Lennox Island in der Malpeque Bay. Hier leben rund 50 Mi'kmaq-Familien, deren Kultur man im Lennox Island Mi'kmaq Cultural Centre oder bei veranstalteten Ökotouren kennenlernen kann.

Farbenfroh leuchtet das nachgebaute Fischerdorf Spinnakers' Landing

Sehenswert

Acadian Museum

| Museum |

Ausstellung zur frühen Historie der französischen Kolonialisten in ihrer neuen Heimat Akadien.

■ 23 Main Drive East, Miscouche, Tel. 902/432 28 80, www.museeacadien.org, Juli tgl. 9.30–17, Aug. 9–19, Sept.–Juni Mo–Fr 9.30–17, So 13–16 Uhr

Canadian Potato Museum

| Museum |

Für Kartoffelfreunde und Fans alter landwirtschaftlicher Maschinen gibt es in diesem Museum im Herzen des Kartoffelanbaugebietes der Insel viel zu entdecken.

■ 1 Dewar Lane, O'Leary, Tel. 902/859 20 39, www.canadianpotatomuseum.info, Mai–Okt. tgl. 9.30–17.30 Uhr

Green Park Shipbuilding Museum & Yeo House

| Museum |

Kleines Museum mit Wissenswertem über die Geschichte des Schiffbaus in der Provinz Prince Edward Island, dazu ein Schulhaus, das nur aus einem Zimmer besteht, und das Yeo House im viktorianischen Stil, das früher Privatbesitz des einflussreichen Schiffbauers James Yeo jr. war.

■ 360 Green Park Road, Tyne Valley, Tel. 902/368 66 00, www.artsandheritagepei.com, Juni Mo–Fr, Juli, Aug. tgl. 9–16.30 Uhr

Erlebnisse

Confederation Trail Die 435 km lange Wander-, Radfahr- und Snowmobil-Route war bis 1989 eine Eisenbahnstrecke, die vom einen Ende der Insel zum anderen verlief. Jedes Jahr zieht es besonders Radfahrer hierher, auf Wunsch begleiten auch einheimische Tourguides die Besucher. Mehr als 1600 Geocaching-Standorte entlang des Weges wecken den Entdeckergeist während der GPS-Schnitzeljagd.

■ www.tourismpei.com

Lernen bei den Mi'kmaqs Traditionelles Trommeln, Herstellen von Kunsthandwerk aus natürlichen Materialien oder Grillen auf heißen Steinen am Strand – das Programm der Mi'kmaqs auf Lennox Island ist vielfältig. ■ 4 Eagle Feather Trail, Tel. 902/831 31 09, www.experiencelennoxisland.com, Juni–Aug. 10–18, Sept. bis 17 Uhr

ADAC *Wussten Sie schon?*

Mit acht Prozent ist der Anteil des Bruttosozialproduktes, den Kanada in Bildung investiert, überdurchschnittlich hoch. Auch bei der PISA-Studie belegt das Land regelmäßig die vorderen Plätze. Die Alphabetisierungsrate liegt bei 99 Prozent, mehr als die Hälfte der Bevölkerung hat einen Highschool-Abschluss. Das Unterrichtsniveau gilt in allen Provinzen als anspruchsvoll. Bemerkenswert: Schülerinnen und Schüler mit Migrationshintergrund stehen ihren einheimischen Mitschülern in nichts nach – in einigen Gruppen sind sie sogar besser.

Restaurants

€€ | **FiveEleven West** Frische und saisonale Küche (Burger, Meeresfrüchte) in einem coolen und hippen Ambiente. ■ 511 Notre Dame Street, Tel. 902/436 55 51, www.fiveelevenwest.com, Mo–Fr 11.30–14, So, Mo 17–20, Di–Sa 17–21 Uhr

Übernachten

Willkommen in der kleinsten kanadischen Provinz – der schönen Atlantikinsel Prince Edward. Die Heimat von Anne of Green Gables ist entspannt, Urlauber kommen, um an den langen Sandstränden und roten Klippen zu spazieren, Hummer zu schlemmen – und um in hervorragenden Hotels und Bed & Breakfasts zu nächtigen, oder auf einem Bauernhof oder auf einem der Campingplätze, wo man der Natur ganz nahe kommt.

Charlottetown 76

€ | Dundee Arms Inn Der Hafen ist in 15 Gehminuten erreichbar. 22 Zimmer und Suiten verteilen sich auf das Inn selbst sowie den Annexbau. Zwei gute Restaurants mit Terrasse sowie ein Pub sorgen für das leibliche Wohl. ■ 200 Pownal Street, Tel. 902/892 24 96, www.dundeearmspei.com

€€ | Shipwright Inn Stolz schmückt sich das Haus mit dem Titel »Best B&B« der kleinen Provinz. Das behagliche Anwesen aus und mit viel Holz liegt inmitten eines schönen Gartens und bietet Ruhe im Herzen der Stadt. ■ 51 Fitzroy Street, Tel. 902/368 19 05, www.shipwrightinn.com

€€ | The Great George Zentral gegenüber der St. Dunstan's Basilica. Das schöne Boutique-Hotel besteht aus 20 liebevoll restaurierten Häusern mit 54 Zimmern und besticht durch seinen Charme der Jahrhundertwende. ■ 58 Great George Street, Tel. 902/892 06 06, www.thegreatgeorge.com

€€€ | The Hillhurst Inn Im Zentrum von Charlottetown gelegen, verfügt das gemütliche Inn über acht Gästezimmer sowie eine gemütliche Lounge mit Kamin. Die Zimmer sind im viktorianischen Stil eingerichtet. ■ 181 Fitzroy Street, Tel. 902/894 80 04

€€€ | The Sydney Boutique Inn Dort, wo heute Kronleuchter von der Decke baumeln und edle Teppiche die Schritte dämpfen, war einst eine Klosterschule. Die spitzen Fenster verraten die Vergangenheit des vierstöckigen Backsteingebäudes. 18 Suiten und 22 Apartments im zeitlos klassischen Design. ■ 55 Weymouth Street, Tel. 902/367 58 88, www.sydneyinn.com

Prince Edward Island National Park 77

€ | Campingplätze im PEI National Park Eine schöne Alternative zur Unterkunft im Strandhotel bieten drei Campingplätze: Der Stanhope Campground befindet sich inmitten von Wäldern am Strand und nahe den bekannten Wanderrouten. Am Ende des Brackley Point liegt der abgelegene Robinson Island Campground – hier ist der Name Programm. Der beliebte und gut ausgebaute Cavendish Campground verfügt über Stellplätze direkt am Meer. Bei allen Campingplätzen gilt: In der Hochsaison sind 80 Prozent der Plätze vorreserviert, die restlichen 20 Prozent werden nach der Devise »first come, first served« vergeben. ■ Reservierungen unter Tel. 800/414 67 65, www.pc.gc.ca

€€ | Kindred Spirits Inn & Cottages Nahe des Anne of Green Gable House und in unmittelbarer Nähe des Prince Edward Island National Park gelegen. Das charmante Country Inn verfügt neben den 25 Zimmern im Inn sowie im Gatehouse und 21 Cottages auch über einen Swimmingpool. ■ 46 Memory Lane, New Glasgow, Tel. 902/963 24 34, www.kindredspirits.ca

€€ | Silverwood Motel Direkt in der Nachbarschaft der kleinen Anne of Green Gables ist das gepflegte Motel mit 41 unlängst renovierten Zimmern, Pool und viel Grün zu finden. ■ 8933 Route 6, Cavendish, Tel. 800/565 47 53, www.silverwoodmotel.com

18 **€€€ | Dalvay by the Sea** Das seit 1930 betriebene Hotel, im Queen-Anne-Stil von einem amerikanischen Industriellen schottischer Abstammung erbaut, ist nicht nur eine edle Unterkunft, sondern wurde auch zur National Historic Site erhoben. 25 Zimmer in der prachtvollen Villa und acht Cottages sind mit Möbeln im antiken Stil eingerichtet. Der Speisesaal fasziniert mit einer beeindruckenden Gewölbedecke und herrlichen Ausblicken auf den Atlantik. Das Haus, das in die Reihe der zehn »romantischsten Orte Kanadas« gewählt wurde, diente schon mehrfach als Filmkulisse. ■ 16 Cottage Crescent, York, Tel. 902/672 20 48, www.dalvaybythesea.com

Summerside 78

€ | Willowgreen Farm B&B Urlaub auf dem Bauernhof! Über 40 ha Farmland bewirtschaften die Besitzer dieses Bed & Breakfasts mitten in Summerside – und freuen sich, wenn die Gäste bei der Arbeit mit anpacken. ■ 117 Bishop Drive, Tel. 902/436 44 20, www.willowgreenfarm.com

€€ | Treetop Haven Hier wurde der Traum einer eigenen Baumhaussiedlung verwirklicht: fünf weiße Kugeln auf Holzplattformen. Jeder »TreePOD« ist mit Küche, Bad und einem Whirlpool im Freien ausgestattet. Für die optimale Entspannung können Massageanwendungen, Yoga oder Forest Bathing (Waldbaden) gebucht werden. ■ 1210 Mount Tryon Road, Albany, Tel. 902/439 02 67, www.treetophaven.ca

ADAC *Das besondere Hotel*

Alles andere als langweilig ist es im **West Point Lighthouse**. An einem Strand gelegen, ragt der über 21 m hohe, 1875 erbaute Leuchtturm hinter den Dünen empor. Sein Zebra-Anstrich und der quadratische Grundriss machen ihn einmalig. Die Gäste erwartet eine atemberaubende Aussicht auf die Northumberland Strait.
€€€ | 364 Cedar Dunes Park Road, O'Leary, Tel. 902/859 36 05, www.westpointharmony.ca

Nova Scotia – Grüne Küste und Meeresklippen

Gastfreundliche, musikalische Menschen mit großem Herzen inmitten einer abwechslungsreichen Landschaft

Ein Land von faszinierender Schönheit. Einer Insel ähnlich von allen Seiten meerumschlungen, aber doch durch eine schmale Landbrücke mit dem Festland verbunden. Gesegnet mit sonnigen Sandstränden, glitzernden Seen und Flüssen, mit sanften Brisen, die der Golfstrom herüberschickt, und freundlichen Menschen, die wissen, warum es gut ist, dort zu leben. Ein Beispiel hierfür ist Halifax, die Hauptstadt von Nova Scotia, wirtschaftliches und kulturelles Zentrum der Atlantikprovinzen. Es ist die größte Hafenstadt der kanadischen Ostküste mit viel Grün und guten Restaurants, angesagten Pubs, Jazz, kurzum: einem regen Nachtleben. Auch Lunenburg zählt dazu, 1753 gegründet, zauberhaftes Kleinod und UNESCO-Weltkulturerbe. 7400 km Küstenlinie rahmen Nova Scotia ein. Auf dem Cabot Trail (Cape Breton Island) kann man einen Teil davon erkunden und sich begeistern lassen, genauso wie vom leuchtenden Herbstlaub während des »Indian Summer« im Cape Breton Highlands National Park oder von einem frisch zubereiteten Lobster aus dem Atlantik. Der Tisch ist reich gedeckt.

In diesem Kapitel:

ADAC Top Tipps:

9 Lunenburg
| Stadt |
Mit ihren bunten Häusern gilt Kanadas älteste deutsche Siedlung als eines der meistfotografierten Motive der Provinz. 89

ADAC Empfehlungen:

19 Halifax Public Gardens
| Park |

Der zentral gelegene Park gilt als schönster viktorianischer Stadtpark in Nordamerika. Wer mag, spielt hier Schach oder lauscht am Pavillon der Musik einer Band. 86

20 Cape Forchu Lightstation
| Leuchtturm |

Schlank in rot-weißen Längsstreifen weist der grazile Turm großen und kleinen Wasserfahrzeugen den Weg. Im Haus des Leuchtturmwärters zeigt ein Museum den Besuchern Interessantes zur Schifffahrtsgeschichte der Stadt. 92

21 Dark Sky Preserve
| Natur |

2010 verpflichtete sich der Kejimkujik National Park, Lichtverschmutzung in seinem Gebiet zu vermeiden. Seitdem funkeln hier die Sterne in dunklen Nächten besonders hell. 97

22 Shubenacadie River Adventure Tours
| Abenteuer |

Der gewaltige Tidenhub der Fundy Bay macht's möglich: Rafting auf flussaufwärts fließenden Stromschnellen – von kindgerecht bis zur ultimativen Version für Wagemutige. 99

23 Celtic Colours International Festival
| Festival |

Neun Tage lang wird die keltische Kultur auf Cape Breton Island mit viel Musik gefeiert – so auch bei einer Wanderung durch den bunten Herbstwald. 100

26 Halifax

»Stadt der Bäume« und Zentrum der Provinz

Wahrzeichen und National Historic Site ist die Halifax Citadel (1856) im Zentrum

i Information

- Visitor Information Centre, 1655 Lower Water Street, Halifax/Nova Scotia, Tel. 902/424 42 48, www.novascotia.com, tgl. 9–19 Uhr
- Parken: siehe S. 87

Obwohl Halifax mit 400 000 Einwohnern eine echte Metropole ist, konnte sie sich den Charme einer beschaulichen Hafenstadt bewahren. Sie liegt auf einer Landzunge am Meer, lebt mit dem Meer und vom Meer. Wegen ihrer Parkanlagen wird Halifax auch »City of the Trees – Stadt der Bäume« genannt. Die strategisch günstige Lage des Ortes nutzten die Briten schon im Jahr 1749 und bauten eine gigantische Befestigungsanlage auf einem Hügel hinter dem Naturhafen. In der sternförmigen Zitadelle war Großbritanniens schlagkräftigste Garnison in Nordamerika stationiert.

Vom Citadel Hill ist auch der berühmte Uhrturm Halifax Old Town Clock zu sehen, den der Pünktlichkeitsfanatiker Prince Edward im Jahr 1803 bauen ließ. Damit niemand mehr eine Ausrede für Verspätung hatte, ließ der als pedantisch geltende Vater von Queen Victoria an jeder der vier Wände des Turms eine Uhr anbringen.

Der alte Lagerhauskomplex im Hafenviertel mit seinen engen Gassen sowie Handelskontoren wurde prächtig

Plan
S. 86

herausgeputzt. Heute sind hier Boutiquen, Restaurants, Cafés und kleine Läden eingezogen. Wo sich früher Bordelle und Seefahrerspelunken aneinanderreihten, strömen heute junge Leute in Kneipen und Bars, um die Nacht zum Tag zu machen.

Sehenswert

1 Pier 21

| Museum |

Am Pier 21, Standort des Canadien Museum of Immigration, gingen von 1928 bis 1971 mehr als eine Million Einwanderer, Flüchtlinge, Kriegsbräute, heimkehrende Soldaten und Vertriebene an Land.

■ 1055 Marginal Road, Tel. 902/425 77 70, www.pier21.ca, Mai–Nov. 9.30–17.30 Uhr, Dez.–April verkürzte Öffnungszeiten

2 Maritime Museum of the Atlantic

| Museum |

Hier erfährt man etwas über die Seefahrtsgeschichte des Landes mit Booten aus der Segel- und Dampfschiff-Ära. Es gibt auch Ausstellungen über die Titanic (in Halifax wurden 150 Opfer der Titanic-Katastrophe bestattet) und die »Halifax Explosion« von 1917.

■ 1675 Lower Water Street, Tel. 902/424 74 90, maritimemuseum.novascotia.ca, Mai–Okt. 9.30–17 Uhr, Nov.–April verkürzte Öffnungszeiten

3 Art Gallery of Nova Scotia

| Kunstgalerie |

Die moderne Galerie ist in einem historischen Gebäude aus dem Jahr 1868 untergebracht und zeigt mit über

ADAC *Spartipp*

Im Winter drehen hier Schlittschuhläufer auf dem Kunsteis ihre Runden – im Sommer flitzen Inlineskater über die abgetauten Bahnen. Das **Emera Oval** geht mit der (Jahres-)Zeit: Schlittschuhe, Helme und Schlitten (diese nur auf der Außenbahn benutzen) werden gebührenfrei verliehen. Für alle, die noch etwas wacklig auf den Kufen stehen, gibt es sogar kostenlosen Schlittschuh-Unterricht. *5775 Cogswell Street, Tel. 902/490 23 47, www.halifax.ca*

17 000 Werken kanadische sowie internationale Kunst.

■ 1723 Hollis Street, Tel. 902/424 75 42, www.artgalleryofnovascotia.ca, Sa–Mi 10–17, Do, Fr bis 21; Do ab 17 Uhr Eintritt frei

4 Nova Scotia House of Assembly

| Regierungsinstitution |

Seit 1819 wird im Abgeordnetenhaus von Nova Scotia Politik gemacht – somit ist das neoklassizistische Province House Kanadas ältestes Provinzparlament. Ganzjährig Gratis-Führungen.

■ 1726 Hollis Street, Tel. 902/424 46 61, www.nslegislature.ca

5 Halifax Citadel

| Zitadelle |

Die Zitadelle von Halifax ist seit 1749 hochragendes Wahrzeichen der Stadt. Bei einer geführten Tour kann man Schützengräben, Quartiere und Waffenmagazine sehen, das Army Museum bietet eine reiche Sammlung der militärischen Geschichte Kanadas.

■ 5425 Sackville Street, Tel. 902/422 59 79, www.pc.gc.ca, Mai–Okt.

6 Halifax Public Gardens

| Park |

19 *Gestaltete Gartenkunst zur Jubelfeier im 19. Jh.*

Der 6,8 ha große Park wurde im Jahr 1867 zur Gründungsfeier der Kanadischen Konföderation angelegt und gilt als schönste Gartenanlage Nordamerikas im viktorianischen Stil mit Blumenbeeten, alten Bäumen, Statuen und Fontänen. Am Sonntagnachmittag kann man am Pavillon der Musik von Blaskapellen und Bands lauschen.

■ 5665 Spring Garden Road, www.halifaxpublicgardens.ca, vom Frühjahr bis in den späten Herbst geöffn.

Verkehrsmittel

Halifax Transit bietet einen kompletten Bus- sowie Fährservice für die Greater-Halifax-Region. Routen- und Fahrpläne sind auch in den Besucherzentren und an Infoständen in Einkaufszentren erhältlich. ■ Tel. 902/490 66 00, www.halifax.ca

Harbour Hopper Eine etwas andere Stadtrundfahrt bietet der Harbour Hopper, ein grellbunt lackiertes Amphibienfahrzeug. ■ Tel. 902/490 86 87, www.harbourhopper.com

Parken

Eine gute Parkmöglichkeit ist die Tiefgarage **Scotia Square Parkade** unter der gleichnamigen Shoppingmall. Mehr als 1700 Stellplätze, 4 CAD pro Stunde. ■ 5201 Duke Street, www.scotia-square.com, Mo–Fr 6–20, Sa, So ab 8 Uhr

Restaurants

€€ | enVie – A Vegan Kitchen Wie raffiniert die fleischlose Küche sein kann, ist hier zu sehen und zu schmecken. ■ 5775 Charles Street, Tel. 902/492 40 77, www.enviehalifax.com, Di–Do 11–21, Fr bis 22, Sa 10–22, So 10–21 Uhr

€€ | Henry House Stilvolles Restaurant und Pub in einer ehemaligen Villa aus dem Jahr 1834. Im Drawing Room (Fr, Sa 18–24 Uhr) lässt es sich nach dem Dinner bei einem guten Glas angenehm am Kamin plaudern. ■ 1222 Barrington Street, Tel. 902/423 56 60, www.henryhouse.ca, tgl. 11.30–00.45 Uhr

Einkaufen

Halifax Seaport Farmers' Market Die Markthallen am südlichen Ende des Harbour Walk beherbergen den ältesten täglichen Bauernmarkt Nordamerikas. ■ 1209 Marginal Road, Tel. 902/492 40 43, www.halifaxfarmersmarket.com, Mo–Fr 10–17, Sa 7–15, So 9–15 Uhr

Kneipen, Bars und Clubs

Alexander Keith's Original Brewery Hier wurde das berühmte Bier von Alexander Keith 1820 zum ersten Mal gebraut. ■ 1496 Lower Water Street, Tel. 902/455 14 74, www.alexanderkeithsbrewery.com, Mo–Fr 11.30–20.30, Sa 8–20.30, So 11.30–18 Uhr

Kinder

Halifax Central Library Die moderne Bibliothek aus Stahl und Glas ist offen wie ein Atrium, und der zweite Stock gänzlich für Kinder reserviert. Für die Eltern gibt es im fünften Stock ein Café. ■ 5440 Spring Garden Road, Tel. 902/490 57 00, halifaxcentrallibrary.ca

Events

Festivals der Saison Musikfans grooven im Juli beim TD Halifax Jazz Festival. Zum Halifax Pride Festival strömen jedes Jahr 120 000 Besucher, um mit der homosexuellen Gemeinde auf einer schrill-bunten Parade mitzufeiern. Ende August steigt das Fringe Festival mit mehr als 300 Theaterstücken, Musicals, Dramen, Komödien und Tänzen in der ganzen Stadt.

In der Umgebung

Peggy's Cove Das 650-Seelen-Dorf an der St. Margarets Bay gilt als eine Hauptattraktion des Lighthouse Trail sowie als eine wichtige touristische

Die kleine Ortschaft Peggy's Cove wurde im Jahr 1811 gegründet

Sehenswürdigkeit der Provinz. Der rot-weiße Leuchtturm des rustikalen und noch immer authentischen Fischerortes ist eines der meistfotografierten Gebäude Atlantik-Kanadas.

Dartmouth – »City of Lakes« Die Stadt der Seen liegt auf der Ostseite des Hafens von Halifax. Die 23 Seen innerhalb der Stadtgrenzen bieten großartige Möglichkeiten zum Kajak- und Kanufahren, Windsurfen und Schwimmen. Unberührte Natur, Wanderwege sowie der Shubenacadie Canal – eine Wasserstraße aus Seen und Schleusen – bilden ein stadtnahes Freizeitparadies. Sehenswert sind das Bedford Institute of Oceanography, ein weltberühmtes Forschungsinstitut, der Peace Pavilion sowie die Christ Church, Dartmouths älteste Kirche.

27 Mahone Bay

Malerische Architektur und das schnellste Segelschiff der Welt

Information

■ Mahone Bay Visitor Information Centre, 165 Edgewater Street, Mahone Bay/Nova Scotia, Tel. 902/624 61 51, www.mahone bay.com, Mo–Sa 9.30–17, So 10–16 Uhr

Ein maritimer Ort wie gemacht für perfekte Postkartenmotive. Mahone Bay gilt als eines der schönsten Städtchen Kanadas. Zu seinen ersten Bewohnern zählten ab 1754 vor allem Immigranten aus dem deutschen Lüneburg, der Schweiz und aus Frankreich. Auf dem alten Bayview Cemetery stehen Grabsteine des 18. Jh. mit deutscher Inschrift. Das Ensemble der Three Churches zählt zu den beliebtesten Fotomotiven: Trinity United Church (1861), St. John's Lutheran Church (1903) und die neogotische St. James Anglican Church (1887), malerisch aufgereiht am Rande der Bucht. Im Ort laden Galerien, kleine Boutiquen und Restaurants zum Shoppen und Verweilen ein.

Sehenswert

Mahone Bay Museum

| Museum |

Die Ausstellung informiert über die protestantischen Ortsgründer sowie ihre Kunst des Schiffbaus. Besonders interessant ist der geheimnisvolle Schatz, der auf der nahen Oak Island liegen soll.

■ 578 Main Street, Tel. 902/624 62 62, www.mahonebaymuseum.com, Juni–Sept. Do–Mo 10–16 Uhr

Verkehrsmittel

Am besten lernt man Mahone Bay vom Wasser aus kennen, beispielsweise mit Captain Chris auf einer seiner **South Shore Boat Tours**. Während der Kapitän Kurs auf Oak Island nimmt, berichtet er u.a. über die Bootsbau- und Fischereigeschichte des Ortes. ■ 683 Main Street, Tel. 902/527 85 44, www.mahonebay.com, Juni–Okt.

Restaurants

€€€ | **Mateus Bistro** Frische Meeresfrüchte und regionale Produkte nach Saison – freitags glüht der Holzkohlengrill. ■ 533 Main Street, Tel. 902/531 37 11, www.mateusbistro.ca, Mo, Fr 11.30–21, Di–Do 17–21, Sa, So 11–21 Uhr

Erlebnisse

Mahone Bay Scarecrow Festival Jedes Jahr im September ist Mahone Bay Austragungsort von Kanadas größtem Vogelscheuchen-Festival – mit Livemusik, Gourmet- und Marktständen. Da platzt das sonst etwas verschlafene Städtchen mit geschätzten 10 000 Besuchern und unzähligen Vogelscheuchen aus allen Nähten. ■ www.mahonebayscarecrowfestival.com

In der Umgebung

9 **Lunenburg** Kanadas älteste deutsche Siedlung zählt mit seiner bunten Holzarchitektur seit 1995 zum UNESCO-Weltkulturerbe und hat eine lange Fischerei- und Schiffbautradition. 1921 lief hier der Gaffelschoner »Bluenose« vom Stapel, jahrelang schnellstes Segelschiff der Welt (heute auf der Rückseite der 10-Cent-Münze).

Im Blickpunkt

Kanadas Künstler

Das Land der endlosen Weiten und Wälder ist nicht nur Heimat für Elch und Ahorn. Von hier stammen auch zahlreiche Künstler, die das Kulturleben weltweit inspirieren und bereichern. Sie alle zu nennen – unmöglich. Stellvertretend einige der bekanntesten: **Schauspieler** wie die Oscarpreisträger Donald Sutherland und Christopher Plummer, Frauenliebling und Charakterdarsteller Ryan Reynolds, Raymond Burr (»Der Chef«), Rachel McAdams und Anna Paquin, zweitjüngste Oscargewinnerin aller Zeiten, geben Kinofilmen und TV-Serien ein Gesicht.
Die **Musik** kanadischer Künstler wird rund um den Globus gehört. Zu ihnen gehören beispielsweise Bryan Adams, Songpoet Leonard Cohen, Justin Bieber, Céline Dion, Nelly Furtado, Jazzpianistin/-sängerin Diana Krall, Avril Lavigne, Shania Twain, Alanis Morissette, Joni Mitchell, Paul Anka, Pianist und Komponist Glenn Gould, Gordon Lightfoot, Alt-Barde Neil Young, Michael Bublé und Komponist André Prévost.
Ob im Original oder übersetzt – ihre **Bücher** werden auf der ganzen Welt geschätzt und gelesen: Literaturnobelpreisträgerin Alice Munro, Schriftstellerin Margaret Atwood (»Die Geschichte der Dienerin«), Michael Ondaatje (»Der englische Patient«), Yann Martel (»Schiffbruch mit Tiger«), Alistair MacLeod (»Land der Bäume«).

28 Shelburne

Neue Heimat für Loyalisten und befreite Sklaven

Information

■ Visitor Information Centre, 43 Dock Street, Shelburne/Nova Scotia, Tel. 902/875 45 47, www.shelburneandlockeport.com, Mai–Okt. 9–16 Uhr

Im historischen Hafen von Shelburne schaukeln Segelboote vor den hölzernen Fassaden von Häusern, die vor 1800 am Wasser errichtet wurden. In den gut erhaltenen Gebäuden wohnten einst mehr als 10 000 Menschen, als Shelburne größte Gemeinde im britischen Teil Nordamerikas war. Das Versprechen, unter britischem Protektorat zu leben, ließ 400 Familien von Loyalisten hier eine neue Heimat suchen. Eine zweite Welle von Siedlern traf im Herbst 1783 ein, darunter befreite afrikanische Sklaven. Ihnen wurde Land am Nordwestarm des Shelburne Harbour zugeteilt. Dort gründeten sie Birchtown, damals die größte Siedlung freier Schwarzer in Nordamerika.

Attraktion des Städtchens ist heute die Dock Street entlang des Wassers. Hier und in den angrenzenden Querstraßen reiht sich ein schönes Holzhaus an das nächste. Von Mitte Juni bis Mitte August führen Bürger in historischen Kostümen täglich vor, wie man einst kochte, nähte und musizierte. 1992 war die Straße Drehort für die Verfilmung des Historiendramas »Mary Silliman's War«. Zwei Jahre später wurde der Film »The Scarlet Letter« (»Der scharlachrote Buchstabe«) hier gedreht, welcher auf Nathaniel Hawthornes Roman basiert.

Bunte Holzhäuser aus dem 18. und 19. Jh. säumen die Dock Street in Shelburne

Sehenswert

Shelburne County Museum

| Museum |

In den hölzernen Lagergebäuden dieses Museums erfährt man mehr über Shelburnes Schiffbaugeschichte und andere historische Epochen.

■ 20 Dock Street, www.shelburnemuseum.com, Juni–Mitte Okt. tgl. 9.30–17.30, Mitte Okt.–Mai Mi–Sa 9–17 Uhr

Dory Shop Museum

| Museum |

In diesem Museum werden immer noch Boote gebaut, und man lernt Wissenswertes über den Bootsbau sowie die Fischerei in Shelburne.

■ 11 Dock Street, www.historicshelburne.com, Juni–Okt. tgl. 9.30–17.30 Uhr

Ross-Thomson House

| Museum |

Das hölzerne Ross-Thomson House diente einst als Laden und Wohnhaus loyalistischer Kaufleute aus Aberdeen.

■ 11 Dock Street, www.historicshelburne.com, Juni–Okt. tgl. 9.30–17.30 Uhr; Kombiticket für alle drei Museen erhältlich

Black Loyalist Heritage Trail

| Geschichtsweg |

Auf einem 1,5 km langen Spazierweg wird über die ersten schwarzen Siedler des Landes informiert.

■ www.novascotia.com

Restaurants

€€€ | **Charlotte Lane Café** Mehrfach ausgezeichnetes Restaurant, das regionale Zutaten in Genießer-Kreationen verwandelt. ■ 13 Charlotte Lane, Tel. 902/875 33 14, www.charlottelane.ca, Do–Sa 11.30–14.30, Di–Sa 17–20 Uhr

Im Dory Shop Museum entdeckt man die Welt der Fischerei des letzten Jh.

29 Yarmouth

Hafenstädtchen mit Tradition und (wieder) guten Verbindungen

Information

■ Visitor Information Centre, 228 Main Street, Yarmouth/Nova Scotia, Tel. 902/742 50 33, www.tourismns.ca, Mai tgl. 9–17, Juni, Sept. bis 18, Juli, Aug. bis 19, Okt.–Apr. Mo–Fr 9–17 Uhr

Während des 19. Jh. wurden in der 1759 gegründeten Stadt an der Südspitze von Nova Scotia mehr Schiffe gebaut als in jedem anderen Hafen der Welt. Als Yarmouth später per Dampfschiff von New York City und Boston bequem zu erreichen war, entwickelte

Das heutige Cape Forchu Lighthouse wurde 1962 erbaut

sich der Tourismus zum Hauptwirtschaftszweig des Ortes. So war es ein schwerer Schlag, als vor einem Jahrzehnt die Fährverbindung nach Bar Harbor in Maine eingestellt wurde. Nach abgeschlossenen Umbauarbeiten des Ferry Terminal in der US-Stadt pendelt aber seit Sommer 2019 wieder die Schnellfähre CAT in dreieinhalb Stunden zwischen Bar Harbour und Yarmouth und zurück (www.ferries.ca). Yarmouth ist Ausgangspunkt des Evangeline Trail, einer Rundreisestrecke durch Nova Scotia, und Endpunkt oder Beginn der Lighthouse Route, die bis Halifax führt. Die Region um Yarmouth wird auch als »French Shore« bezeichnet, da viele Bewohner von den französischen Akadiern abstammen. Weiter im Landesinneren kann man unberührte Wildnis entdecken.

Sehenswert

Cape Forchu Lightstation

| Leuchtturm |

20 *Ein eleganter Wegweiser in rot-weißen Längsstreifen*

In Yarmouth steht etwas außerhalb der rot-weiß längs gestreifte Leuchtturm der Cape Forchu Lightstation. Im Haus des Leuchtturmwärters präsentiert ein Museum Interessantes zur Schifffahrtsgeschichte der Stadt. Wer mag, lässt sich an einem von vier Terminen im Jahr mit einem kleinen Fischerboot zum Lightkeeper's Sea-Feast schippern. Dort gibt es ein stimmungsvolles Abendessen bei Sonnenuntergang mit Hummer, akadischer Musik und Sternenhimmel.

■ Tel. 902/742 45 22, www.capeforchu.com, Juni–Sept. tgl. 9–17 Uhr

Historic Acadian Village

| Freilichtmuseum |

Seine Besucher lädt das Freilichtmuseum ein, mit zurück in die Zeit des frühen 19. Jh. und in den Alltag der Akadier zu kommen. Zweisprachige Führer vermitteln historische und unterhaltsame Informationen.

■ 91 Old Church Road, Lower West Pubnico, Tel. 902/762 25 30, levillage.novascotia.ca, Juni–Ende Sept. tgl. 9–17 Uhr

Restaurants

€–€€ | **Rudder's Seafood Restaurant & Brew Pub** Nova Scotias einziges Restaurant mit eigener Hausbrauerei. Direkt am Atlantik genießt man hier bei Livemusik ein süffiges Ale zu den beliebten Fisch- und Muschelgerichten.

■ 96 Water Street, Tel. 902/742 73 11, www.ruddersbrewpub.com, So–Do 11–22.30, Fr, Sa bis 23 Uhr

30 Acadian Shores

Land der Kirchen und der literarischen Heldin Evangeline

i Information

■ Rendez-vous de la Baie Visitor Centre, 23 Lighthouse Road, Université Ste-Anne, Church Point/Nova Scotia, Tel. 902/769 23 45, www.rendezvousdelabaie.ca, Mo–Fr 8.30–16.30 Uhr

Der Abschnitt des Evangeline Trail, der entlang der Baie Ste-Marie parallel zum Highway 101 führt, hat zwischen Yarmouth und Digby seine Ursprünglichkeit bewahrt. Hier liegt das wahre »Acadian Country« mit Orten wie Belliveau Cove, Grosses Coques und Mavillette, eine Strecke der hübschen weißen Holzkirchen zwischen den vielfarbigen Wohnhäusern. An zahlreichen Geschäften und Häusern weht die »Stella Maris«, die offizielle Flagge der Akadier. In Grand Pré, dem Geburtsort von Evangeline, der imaginären Heldin in Henry Wadsworth Longfellows gleichnamigem Gedicht, wurde 1922 eine kleine Kirche gebaut, die jetzt das Akadische Museum beherbergt.
Einen Stopp wert sind die Kirche in St. Bernard, die von Fischern, Holzfällern und Farmern (1910–1942) erbaut wurde, und das Örtchen Sandford, das sich »mit der kleinsten noch betriebenen Zugbrücke der Welt« brüstet.

Sehenswert

Smuggler's Cove Provincial Park

| Park |

Smuggler's Cove, auch als »Le Fourneau« bekannt, ist für die Höhle in der

Ein Paradebeispiel für gotische Architektur im 20. Jh.: die Granitkirche St. Bernard

Klippe berüchtigt, in der einst Schmuggler in den 1920er-Jahren ihre Güter und Alkohol versteckten. Der Höhleneingang ist nur bei Ebbe zugänglich.
■ 7651 Highway 1, Meteghan, parks.novascotia.ca, Mai–Okt.

Église Ste-Marie

| Kirche |

Die katholische Kirche ist eines der größten (58 m lang) und höchsten (56 m hoch) Holzgebäude in Nordamerika. Der Bau der Kirche begann im Jahr 1903, es halfen 1500 Freiwillige mit.
■ 1713 Highway 1, Church Point, Tel. 902/769 23 78, www.museeeglisesaintemariemuseum.ca

Restaurants

€€ | **La Cuisine Robicheau** Authentische akadische Küche nach dem Vorbild des bekannten Küchenchefs Paul Comeau. ■ 9651 Nova Scotia Trunk 1, Saulnierville, Tel. 902/769 21 21, www.lacuisinerobicheau.ca, Di–So 8–19 Uhr

31 Digby

Die »Kammmuschel-Hauptstadt« von Nova Scotia

Information

■ Visitor Information Centre, 110 Montague Row, Digby/Nova Scotia, Tel. 902/245 57 14, www.digby.ca, Mai–Okt. 9–17.30/18 Uhr

Die ersten Siedler Digbys waren nordamerikanische Loyalisten unter der Führung von Sir Robert Digby, der die Stadt 1783 gründete. Seit dem Bau des noblen Resorts The Pines, das 1929 entstand, blüht der Tourismus bis heute.
Vor Digby liegt Digby Neck, eine lange, schmale Halbinsel, über die der Islands Scenic Drive führt. Er verbindet schöne Fotospots: Point Prim Lighthouse, Gulliver's Cove, Lake Midway und Sandy Cove, die schmalste Stelle der Halbinsel. Am Ende von Digby Neck nimmt man die Fähre »Petit Princess« durch

Digby besitzt eine der weltweit größten Fangflotten für Kammmuscheln

die Petit Passage nach Tiverton auf Long Island (alle 30 Minuten ab Digby Neck und ab Long Island, Fahrtzeit: 10 Minuten). Auf Long Island lohnt ein Abstecher zum Boar's Head Lighthouse und ein Besuch des 9 m hohen Balancing Rock, der auf den Klippen in der St. Mary's Bay zu schweben scheint. Weiter geht es nach Brier Island, das ist der westlichste Ort in Nova Scotia. Die Fähre von Freeport auf Long Island geht immer zur vollen Stunde, die Fahrzeit durch die Grand Passage nach Westport auf Brier Island beträgt 7 Minuten. Auf Brier Island weisen noch drei Leuchttürme Schiffen den Weg. Schmale Wanderwege schlängeln sich entlang der zerklüfteten Küste, Tausende von Lummen lärmen mit Tordalken und Papageientauchern um die Wette. Vom Western Lighthouse führt ein kurzer Weg zur Seal Cove. Mit etwas Glück kann man hier sogar Robben sichten.

Steil ragt der Balancing Rock an der Halbinsel Digby Neck empor

Restaurants

€€ | **Shoreline Restaurant** Wenn man einen Souvenirladen durchquert hat, gelangt man in das Restaurant im hinteren Teil des Hauses. So seltsam der Zugang, so lecker dann die berühmten Digby Scallops – ob im Backteig oder im Speckmantel mit Whiskysoße. ■ 88 Water Street, Tel. 902/245 66 67, tgl. 11–20.30 Uhr

Einkaufen

The Flight of Fancy 200 lokale Künstler und Kunsthandwerker stellen hier ihre Arbeiten aus und verkaufen sie gern. ■ 1869 Clementsvale Road, Bear River, Tel. 902/467 41 71, www.theflight.ca, Mo–Sa 10–18, So 11–17 Uhr

Events

Scallop Days Festival Frische Kammmuscheln, die Scallops, sind Digbys Spezialität. Jedes Jahr im Sommer wird daher das Schalentier bei einem Fest gefeiert, geehrt – und natürlich auch gegessen. ■ www.digbyscallopdays.ca, vier Tage Anfang Aug.

Erlebnisse

Walbeobachtung Auf Long Island bieten verschiedene Anbieter Whalewatching-Touren an: Freeport Whale & Seabird Tours (15 Highway 217 West, Freeport, Tel. 902/839 21 77, www.whalewatchersnovascotia.ca), Mariner Cruises Whale and Seabird Tours (325 Water Street, Westport, Tel. 902/839 23 46, novascotiawhalewatching.ca) oder auch Ocean Explorations (3395 NS-217, Tiverton, Tel. 902/839 24 17, www.ocean explorations.ca).

32 Kejimkujik National Park

Auf zahlreichen Wander- und Wasserwegen durch eine nahezu unberührte Natur

Information

- Kejimkujik National Park Visitor Centre, 3005 Main Parkway, Maitland Bridge/ Nova Scotia, Tel. 902/682 27 72, www.pc.gc.ca, Mai–Okt. Mo–Do, Sa, So 8.30–16.30/19, Fr bis 19/20 Uhr

Der Kejimkujik National Park gliedert sich in einen Haupt- sowie einen Nebenpark (die sogenannte »Seaside«) und umfasst eine Gesamtfläche von etwa 403 km². Er wurde nach seinem größten See benannt, dem Kejimkujik Lake, dessen Name von den Mi'kmaq stammt und »angeschwollenes Gewässer« bedeuten soll. Die Parkverwaltung übersetzt Kejimkujik mit »müder Muskel«. Ob sie damit erschöpfte Hiker ehren möchte, bleibt offen ...

Wandern steht im Park an erster Stelle. Zwei Drittel des Areals sind nur zu Fuß oder mit einem Kanu zu erreichen. Zahlreiche Wege – vom kurzen Spaziergang bis zum 61 km langen Marsch – bieten Herausforderungen jeder Kategorie; der Wanderweg Mersey Meadow ist behindertengerecht.

Zur Zeit der Mi'kmaq-Ureinwohner waren die Seen und Flüsse wichtige Routen, um von der Bay of Fundy zum Ozean zu gelangen. Beeindruckende Petroglyphen, in Stein gearbeitete Bilder prähistorischer Künstler, erzählen noch heute von dieser Zeit. Wer die Wasserwelt entdecken möchte, kann dies auf den Tausende Jahre alten Kanuwegen der Mi'kmaq tun. Elche und Biber sind vom Boot aus zu sehen. Das Angeln im Kejimkujik Lake liefert vielleicht schon das nächste Abendbrot.

Der Mersey River ist einer von drei Flüssen, die durch den Nationalpark fließen

Vor ein paar Jahrzehnten schloss man dem Kejimkujik National Park ein etwa 25 km langes Gebiet östlich von Liverpool an. Dem Nebenpark, der an der atlantischen Küste liegt und über den Highway 103 zu erreichen ist, gab man den Namen Seaside. Der Park ist eine der wenigen unberührten Küstenregionen Kanadas – mit strahlend weißen Stränden, kristallklarem, türkisfarbenem Wasser und dem Duft der Wildrosen. Faszinierend ist besonders seine Tierwelt mit vielen Froscharten, Kormoranen und verspielten Robben.

Erlebnisse

21 **Dark Sky Preserve – Lichtschutzgebiet** Im Jahr 2010 wurde der Kejimkujik National Park in die Royal Astronomical Society of Canada aufgenommen, was die Parkleitung dazu verpflichtet, Lichtverschmutzung möglichst zu vermeiden. So kann man hier besonders klar und eindrucksvoll das Funkeln der Sterne beobachten. Dazu werden auch »Kejimkujik Dark Sky Kits« mit Ferngläsern, Karten und Rotlichtlampen zum Verleih angeboten. Wer mag, kann sich die Sternbilder von Astronomie-Profis erklären lassen. ■ www.pc.gc.ca

Sport

Keji Outfitters Kanus, Kajaks und Fahrräder sowie Ausrüstung können bei diesem Kanu- und Kajaktourenanbieter im Park gemietet werden. Der Shop befindet sich bei Jakes Landing, das freundliche Personal hilft jederzeit bei der Planung von Ausflügen. ■ Tel. 902/682 22 82, www.whynotadventure.ca, Mo–Do 9–17, Fr–So bis 19 Uhr, in der Nebensaison nach Vereinbarung

Spaß für die ganze Familie: eine Kanufahrt im Kejimkujik National Park

33 Wolfville und Grand Pré

Elegante alte Villen und gute Tropfen aus anspruchsvollen Lagen

Information

■ Tourist Information Centre, 11 Willow Avenue, Wolfville/Nova Scotia , Tel. 902/542 70 00, www.wolfville.ca, Mai–Ende Okt. tgl. 10–18 Uhr

Das Städtchen Wolfville an der Fundy Bay hat einen ganz eigenen Charme, zu dem viktorianische Häuser aus der Gründerzeit, Studenten der Acadia University und der Hafen gleichermaßen beitragen. Entlang der von Platanen gesäumten Gassen verströmen alte Villen eine opulente Eleganz. Das

Die Universitätsstadt Wolfville ist bekannt für ihre vielen Weingüter

nahe dem Zentrum gelegene Randall House beherbergt das historische Museum des Ortes, ein Gebäude im »Federal Style«, das vor 200 Jahren noch direkten Blick auf den Hafen besaß. 1869 allerdings wurde beim Bau der Dominion Atlantic Railway der innere Hafen der Stadt zugeschüttet.
Die Weinhänge an den Hügeln zwischen Wolfville und Grand Pré liefern besonders gute Tropfen. Schon Anfang des 17. Jh. sollen französische Siedler hier Reben angepflanzt haben. Nova Scotia verfügt im Annapolis Valley nahe der Fundy Bay über 300 ha Rebfläche jenseits des 45. Breitengrades.

Sehenswert

Grand Pré National Heritage Site

| Gedenkstätte |

Diese Gedenkstätte befindet sich unter freiem Himmel und beherbergt einen Nachbau der St.-Charles-Kirche (das Original wurde von den Engländern niedergebrannt). Eine Tafel führt die Namen von 300 deportierten Familien auf. Im Garten ist die Stelle gekennzeichnet, an der die Akadier gewaltsam auf Boote getrieben wurden, die sie zu den bereitstehenden Segelschiffen brachten.

■ 2205 Grand Pré Road, Grand Pré, Tel. 902/542 36 31. www.pc.gc.ca., Mitte Mai–Mitte Okt. tgl. 9–17 Uhr

Verkehrsmittel

Wer nicht selber fahren mag, weil er sich ganz dem Weingenuss hingeben möchte, kauft sich ein Hop-on-hop-off-Ticket und nimmt entspannt den **Wolfville Magic Winery Bus**. Das ist ein roter Doppeldeckerbus, der von Juni bis Mitte Oktober im Einsatz ist und im Stundentakt fünf Weingüter ansteuert. ■ Tel. 902/670 03 40, www.magicwinerybus.ca

Restaurants

€€€ | Le Caveau Das Restaurant mit der schönen Terrasse gehört zum Weingut Domaine de Grand Pré und gilt als eine der lukullischen Top-Adressen der Provinz. Chef Jason Lynch legt Wert auf eine Küche aus regionalen Zutaten und mit globalem Flair. ■ 11611 Nova Scotia Trunk 1, Grand Pré, Tel. 902/542 71 77, www.grandprewines.com, Mai–Okt. 11.30–14 und 17–21 Uhr

Erlebnisse

Weinverkostung Einige der besten Weingüter Nova Scotias liegen in der Gegend zwischen Wolfville und Grand Pré. Verkostungen bieten unter anderem an: Luckett Vineyards (1293 Grand Pré Road, Wolfville, Tel. 902/542 26 00, www.luckettvineyards.com), Gaspereau Vineyards (2239 White Rock Road, Gaspereau, Tel. 902/542 14 55, www.gaspereauwine.com), Domaine de Grand Pré (11611 Highway 1, Grand Pré. Tel. 902/542 17 53, www.grandprewines.com), L'Acadie Vineyards (310 Slayter Road, Wolfville, Tel. 902/542 84 63, www.lacadievineyards.ca) und die Blomidon Estate Winery (10318 Highway 221, Canning, Tel. 902/582 75 65, www.blomidonwine.ca).

22 **Shubenacadie River Adventure Tours** White Water Rafting auf dem Shubenacadie River wird erst möglich durch den enormen Tidenhub der Fundy Bay. Wenn die Flut die Wassermassen den Fluss hinauf drückt, bittet der Veranstalter zum Wellenritt. Die rasanten Fahrten in Schlauchbooten auf den rückwärts fließenden Stromschnellen – natürlich unter der Leitung erfahrener Profis – reichen von »The Qualifier« (besonders für Kinder geeignet) über »White Water Tango« (offizielle Beschreibung: »totally turbulent«) bis hin zu »The Ultimate« für Wagemutige, bei denen wirklich keine Faser am Körper trocken bleibt. ■ 10061 NS-215, South Maitland, Tel. 888/878 86 87, www.shubie.com

34 Cape Breton Highlands National Park

Outdoor-Aktivitäten und Geigenmusik in traumhafter Natur

Information

■ Chéticamp Information Centre, 16648 Cabot Trail, Chéticamp/Nova Scotia, Tel. 902/224 23 06, www.pc.gc.ca, Mai–Okt. 8.30/9–17/19 Uhr

■ Ingonish Beach Information Centre, 37677 Cabot Trail, Ingonish Beach/Nova Scotia, Tel. 902/284 25 35, www.pc.gc.ca, Mai–Okt. 8–20 Uhr

In der wunderschönen Landschaft des Cape Breton Highlands National Park sind Trekking, Wandern oder Kanufahren angesagt. Auf Touren durch unberührte Natur trifft man oft auf Wildtiere wie Elche, Weißkopfseeadler, Kojoten und Schwarzbären.

Dank des Golfstroms genießt man auf Cape Breton Island im Sommer ein angenehmes Klima mit Temperaturen bis zu 30 °C. Während der Frühling mit noch frischen 5 °C Ende April einsetzt, erreicht er zur Blütezeit der Lupinen im Mai und Juni bereits 12 bis 17 °C. Im Winter kann es durch die maritime Wetterlage Schneehöhen bis zu 3 m geben. Dann sind im Park die Schneeschuhläufer unterwegs. Der östliche Eingang zum Nationalpark liegt in der Kleinstadt Ingonish, der westliche im Akadierdorf Chéticamp. Das malerische Ingonish ist idealer Ausgangspunkt für Rad- und Wandertouren im September und Oktober. Für ein erstes »Einlaufen« eignet sich der kurze Wanderweg Freshwater Lake Trail. Über den Aspy Trail erreicht man die fotogenen Beulach Ban Falls. Die Sommermonate Juli und August eignen sich für Badetage am Strand von Ingonish Beach. Die Hochebene des Parks wird von borealen Nadelwäldern bestimmt.

Events

23 **Celtic Colours International Festival** Jedes Jahr im Oktober findet dieses Festival auf Cape Breton Island statt. Neun Tage lang ist die Insel Heimat einer einzigartigen Feier von Musik und Kultur. Bei geführten Wanderungen kann man dann mit Geigenmusik im Ohr durch den in bunte Farben getauchten Nationalpark wandern – einfach traumhaft! ■ www.celtic-colours.com

Sport

Cape Breton Highlands Golf Course Schön gelegener 18-Loch-Golfplatz inmitten des Nationalparks. ■ 247 Keltic Inn Road, Ingonish Beach, Tel. 902/285 2600, www.kelticlodge.ca, Mitte Mai–Mitte Okt. 6 Uhr–Sonnenuntergang

Wandern

Fishing Cove Trail Der Anfang des 12 km langen Rundwanderweges befindet sich am Cabot Trail auf dem Mackenzie Mountain, 355 m über dem Meeresspiegel. Es ist der einzige Ort im Nationalpark, an dem man außerhalb eines Campgrounds (mit besorgter Genehmigung) zelten darf.

Franey Trail Der 7,5 km lange Rundweg beginnt an der Franey Road, einer Abzweigung des Cabot Trail, und ist an manchen Stellen ausgesprochen steil, sodass man eher klettert als wandert. Aber der Blick in den Clyburn Brook Canyon ist wunderschön.

Elche sind keine Seltenheit im Cape Breton Highlands National Park

In der Umgebung

Margaree Salmon Museum Im Gebäude einer ehemaligen Schule wurde Wissenswertes und Skurriles zum Thema Lachse zusammengetragen – u.a. das Angelzeug eines ehemaligen englischen Spions, der dem deutschen Reichsmarschall Hermann Göring das Fliegenfischen beibrachte und dabei wertvolle Informationen für die Alliierten sammelte. ■ 60 East Big Intervale Road, Margaree Forks, Tel. 902/248 28 48, www.margareens.com, Mitte Juni–Mitte Okt. tgl. 9–17 Uhr

35 Cabot Trail

Kurvenreiche Traumstrecke am Atlantik mit spektakulären Aussichtspunkten

Information

■ Tourist Information Centre, 15584 Cabot Trail, Chéticamp/Nova Scotia, Tel. 902/224-2642, www.lestroispignons.com, Mai–Okt. 8.30–17 Uhr

Ein Panorama, das einem die Sprache verschlägt. In gefühlten 1000 Kurven windet sich der Cabot Trail durch das Hochland von Cape Breton Island. Wer mit dem Fahrzeug unterwegs ist, muss ständig anhalten, um zu schauen: die raue Felsküste, Wälder, die sich wie dunkelgrüner Samt an Hügel schmiegen, Leuchttürme und einsame Buchten mit weißen Sandstränden am tiefblauen Atlantik. Im Prinzip wäre die rund 300 km lange Ringstraße zwischen den Orten Chéticamp und Ingonish an einem Tag zu bewältigen, trainierte Mountainbiker schaffen es in sechs Tagen. Doch warum eilen? Es gibt unzählige Aussichtspunkte sowie kleine Strände und hübsche Ortschaften, die man verpassen würde. Hier ist nun wirklich der Weg das Ziel.

Einer der sogenannten »Look-Offs« ist beispielsweise Cape Smokey auf der Ostseite des Cabot Trail. Der Blick zurück auf die grüne Küstenlinie und auf die gleich dahinter steil aufragenden Highlands ist der schönste dieses Abschnitts. Später begeistert das Panorama auf die von der schmalen Middle Head Peninsula zweigeteilte Bucht von Ingonish. Der 4 km lange Middle Head Trail über die traumschöne Landzunge führt zur historischen Keltic Lodge, Mittelpunkt eines Luxusresorts. Etwas weiter liegt Lakies Head, eine Bucht mit wuchtigen Findlingen. In der Green Cove kann man über einen spektakulären Boardwalk auf eine felsige Landzunge laufen. Vom Mackenzie Mountain hat man einen spektakulären Blick über die Pleasant Bay sowie vom Veterans Monument aus auf den Atlantik, die Steilküste und den Cabot Trail, der sich an den Berg schmiegt, dann wieder über Höhen führt, bis er in der Ferne verschwindet.

Gefällt Ihnen das?

Ein Haufen Verrückter trifft sich seit drei Jahrzehnten jedes Jahr im Mai zum 24-Stunden-Staffellauf **Cabot Trail Relay Race** im Küstenort Baddeck. Die 300 km lange Küstenstraße wird dann zur Bühne für Läufer und Radler im Superman-Kostüm, im Tutu oder mit Kriegsbemalung. Am Vorabend treffen sich die Teilnehmer zum traditionellen »Céilí«, einer Party mit reichlich Musik, Tanz und noch mehr Bier.
www.cabottrailrelay.com

Zahlreiche Aussichtspunkte finden sich am kurvenreichen Cabot Trail

Restaurants

€€ | **Harbour Restaurant and Bar** Hier sollte man, mit Aussicht auf die blaue Bucht, das akadische »Morue en Cabane« probieren, mit Kartoffeln gekochter Kabeljau und Schnittlauch, oder Pilze auf Kammmuscheln. ■ 15299 Cabot Trail, Petit Étang, Tel. 902/224 11 44, www.baywindsuites.com, tgl. 11–21 Uhr

€€–€€€ | **The Freight Shed** Was in den Räumen einer ehemaligen Hafen-Frachthalle direkt am Pier eher rustikal wirkt, entpuppt sich beim Blick auf die Speisekarte als Feinschmecker-Bistro. Beispiel? Heilbutt mit Blaubeeren-Walnuss-Kruste … ■ 2 Jones Street, Baddeck, Tel. 902/295 13 89, www.freightshed.com, tgl. 7.30–21 Uhr

Kneipen, Bars und Clubs

Doryman Pub and Grill In das rotbraune Holzhaus zieht es die Gäste wegen der zünftigen Gerichte, aber auch wegen der Celtic-Fiddle-Musik (samstags 14–18 Uhr). ■ 15528 Cabot Trail, Chéticamp, Tel. 902/224 99 09, www.doryman.ca, Mo–Fr 10–24, Sa bis 2, So 11–23.30 Uhr

Wandern

Die raue Schönheit des Landstrichs erschließt sich am besten auf einem der zwei Dutzend Wanderwege, die in den Cape Breton Highlands National Park hineinführen, beispielsweise die Runde zum Middle Head, wo der Atlantik gegen rotbraune Felsen tobt, oder der Franey Loop Trail nördlich des Clyburn River, wo gewaltige Findlinge am Wegesrand liegen, oder der Skyline Trail, der an schönen Tagen jedoch ziemlich überlaufen ist. Detaillierte Karten für alle Wanderwege gibt es am Informationszentrum.

36 Sydney

Wie Phoenix aus der Asche – neue Impulse für eine ganze Region

Information

■ Sydney Port Tourist Information, 74 Esplanade, Sydney/Nova Scotia, Tel. 902/539 98 76, www.sydneyport.ca, tgl. 8.30–18 Uhr

Kein Vergleich mit dem australischen Namensvetter: In Nova Scotias Sydney leben gerade mal 30 000 Einwohner, die harte Zeiten hinter sich haben. Nach der Schließung der Stahlfabrik Sydney Steel Corporation und der Kohlenbergwerke

der Cape Breton Development Corporation ist die Region nun aber auf dem Weg einer Neuorientierung im Bereich Energie und Umwelt sowie Tourismus. North Sydney ist der Hafen der Stadt, Anlegestelle für den Marine-Atlantic-Fährverkehr zwischen kanadischem Festland und den neufundländischen Häfen Port aux Basques sowie Argentia, somit Teil des Trans-Canada Highway.
Gegründet wurde Sydney 1785, schon 1870 war der Hafen der Stadt der viertgrößte Kanadas. Dampfschiffe luden hier Kohle, und die Western Union hatte 1875 eine interkontinentale Telegrafenlinie eingerichtet. Einige alte Häuser aus dem 18. Jh. sind bis heute erhalten, darunter das Cossit House, heute Museum, und das Jost Heritage House.

Sehenswert

Cape Breton Miners' Museum
| Museum |
Eine nachgebaute Kohlenmine gibt hier interessante Einblicke in die harte Arbeit der Bergleute. Pensionierte Kumpel berichten als Fremdenführer von eigenen Erfahrungen.
■ 17 Museum Street, Glace Bay, Tel. 902/849 45 22, www.minersmuseum.com, Mai–Okt. tgl. 10–18 Uhr

Restaurants

€€ | **Flavor on the Water** Von Lunch bis Dinner – alle Gerichte bestehen vorwiegend aus regionalen Zutaten und werden lecker angerichtet. ■ 60 Esplanade, Tel. 902/567 10 43, www.cbflavor.com, So–Do 11–21, Fr, Sa bis 22 Uhr

Kinder

Ghosts and Legends of Historic Sydney Tour Engagierte Tourguides führen vom St. Patrick's Church Museum in die (gruselige) Geschichte der Stadt. Am Ende des Rundgangs gibt es zur Beruhigung Tee und Gebäck. ■ 87 Esplanade, Tel. 902/539 15 72, www.oldsydneysociety.org, Juli–Aug. Do 18.30 Uhr

Die Gegend um das ostkanadische Sydney ist ein wahres Naturparadies

37 Louisbourg

Neues (touristisches) Leben in der historischen Festung

Information

■ Louisbourg Visitor Information Centre, 7495 Main Street, Louisbourg/Nova Scotia, Tel. 902/733 46 36, Mitte Juni–Mitte Okt. tgl. 10–18 Uhr

Kleiner Ort mit großer Geschichte: Nach der Zerstörung der Festung Louisbourg im Jahr 1760 ließen sich englische Einwanderer auf der anderen Seite des Flusses nieder und fristeten fortan ein bescheidenes Dasein als Fischer und Kleinbauern. Einen zwischenzeitlichen Aufschwung erlebte Louisbourg 1894 durch die Inbetriebnahme der Sydney and Louisbourg Railway, als über den eisfreien Hafen Kohle verschifft wurde. Traurige Berühmtheit erlangte der Ort im Jahr 1912 dadurch, dass viele Opfer der Titanic-Katastrophe an Bord des kanadischen Dampfschiffes Montmagny an Land gebracht wurden.

Sehenswert

Fortress of Louisbourg

| Festung |

Die Festung Louisbourg ist eine der größten auf dem amerikanischen Kontinent und wurde zwischen 1720 und 1740 erbaut. Gegen die See hin war sie stark gesichert – an Land überragte allerdings eine Hügelkette die Befestigungen und ermöglichte damit eine Beschießung. Die Eroberung von Louisbourg im Jahr 1745 bereitete den Weg für den Angriff auf Québec und damit für die endgültige Eroberung Kanadas durch die Briten. 1760 wurde die Festung geschleift und der Ort niedergebrannt. In den 1960er-Jahren wurden Teile der Stadt und auch die Festung mit originalen Materialien sowie durch den Einsatz arbeitsloser Minenarbeiter rekonstruiert.

■ 259 Park Service Road, Tel. 902/733 35 52, www.fortressoflouisbourg.ca, Mai–Okt. tgl. 9.30–17 Uhr

Louisbourg Lighthouse

| Leuchtturm |

Viele der Leuchttürme in Nova Scotia sind eher klein und schlicht. Nicht so das Louisbourg Lighthouse – hier führt sogar ein eigener Lighthouse Trail entlang der Küste um den imposanten Turm herum. Es ist bereits der dritte Leuchtturm an dieser Stelle, der erste wies hier ab 1734 den Schiffen den Weg.

■ 555 Havenside Road, Tel. 902/733 28 44, www.louisbourg.ca

Restaurants

€€ | **Beggar's Banquet** Gespeist wird in Kostümen des 18. Jh., aufgetischt werden Hummer, Heilbutt und Eismeerkrabben. Als Beilage gibt es Musik und Geschichten vergangener Zeiten, zum Nachtisch Ingwerkuchen, gemeinsames Singen und einen Spaziergang am Strand. Reservierung erforderlich.

■ 15 Commercial Street Extension, Tel. 902/733 20 80, www.louisbourgpointofview.com, Juli–Sept. tgl. ab 18 Uhr

€€€ | **Grandchamps Restaurant** Essen wie die Ahnen – im Restaurant des Hôtel de la Marine auf dem Gelände der Festung servieren kostümierte KellnerInnen Gerichte nach Rezepten des 18. Jh. aus regionalen Zutaten.

■ 265 Park Service Road, Tel. 902/733 35 48, www.fortressoflouisbourg.ca

Übernachten

Wer die wunderschöne Landschaft entlang der Küste Nova Scotias erkunden möchte, braucht den perfekten Rückzugsort, um neue Energie zu tanken. Ob man nun in einem viktorianischen Townhouse, einem eher spartanischen Studentenwohnheim, einem luxuriösen Resort oder einem urigen Cottage am Strand übernachten will, bleibt jedem selbst überlassen.

Halifax 84

€ | **Dalhousie University** Die Universität bietet zwischen Mai und August einfache Zimmer zu sehr günstigen Preisen an. ■ Room 1024, Risley Hall, 1233 LeMarchant Street, Tel. 902/494 28 75, www.dal.ca unter Summer Accommodations

Mahone Bay 88

€€ | **Lunenburg Inn** Viktorianisches Hotel aus dem Jahr 1893, dessen Besitzer jedes Zimmer liebevoll gestaltet haben. ■ 26 Dufferin Street, Lunenburg, Tel. 902/634 39 63, www.lunenburginn.com

Yarmouth 91

€€ | **Argyler Lodge** Tagsüber bietet die Lodge Lobster-Touren an. Nach einem Tag auf dem Meer sind die romantisch eingerichteten Hotelzimmer genau richtig für müde Seebären. ■ 52 Ye Old Argyle Road, Glenwood, Tel. 902/643 25 00, www.argyler.com

Digby 94

€€€ | **Digby Pines Golf Resort & Spa** An der Küste des Annapolis Basin mit Blick auf das Meer und die Halbinsel gelegen. Das komfortable Resort ist im klassisch-eleganten Stil eingerichtet. ■ 103 Shore Road, Tel. 902/245 25 11, www.digbypines.ca

Wolfville und Grand Pré 97

€€ | **Blomidon Inn** Das viktorianische Herrenhaus in einer prächtigen Gartenanlage gehörte einst einem Hochseekapitän. 29 individuell eingerichtete Zimmer, ein Restaurant sowie behagliche Aufenthaltsräume. ■ 195 Main Street, Wolfville, Tel. 902/542 22 91, www.blomidon.ns.ca

Sydney 102

€€ | **Colby House Bed & Breakfast** Nur einen Spaziergang vom Stadtzentrum entfernt erwartet die Gäste ein behagliches Haus mit Veranda, Kamin und einem schönen Garten. ■ 10 Park Street, Tel. 902/539 40 95, www.colbyhousebb.com

Louisbourg 104

€€ | **Louisbourg Harbour Inn** Vor 100 Jahren ein Kapitänshaus, heute ein zauberhaftes Bed & Breakfast mit Blick auf den Hafen. ■ 9 Lower Warren Street, Tel. 902/733 32 22, www.louisbourgharbourinn.com

Newfoundland und Labrador – herbe Schönheit

Zu Besuch bei Karibus, Bären und Walen, historischen Stätten sowie den Eskimovölkern des Nordens

Es ist durchaus ein Widerspruch: Dieser Teil Kanadas wartet mit einem Reichtum an Geschichte, Kultur und Naturschönheit auf wie kaum eine andere Gegend des riesigen Landes. Dennoch zählt die nordisch-arktische Provinz, ein Zusammenschluss der Insel Neufundland mit der mehr als dreimal so großen Halbinsel Labrador, zu den noch immer unbekannteren und touristisch weniger erschlossenen Teilen des Ahornblatt-Staates.

Dazu mag das Wetter beitragen – Regen und Nebel gibt es hier nicht selten. Die Saison ist kurz, der Winter umso länger. Reisende müssen schon ein wenig Abenteuerlust mitbringen und härter im Nehmen sein. Doch die Eindrücke, die sie hier sammeln können, sind einzigartig. Im Meer vor der Küste tummeln sich über 22 Arten von Walen, an Land ziehen Bären, Elche und Karibus durch die weiten Heide-, Wald- sowie Sumpflandschaften der dünn besiedelten Provinz. In Labrador begeistern vorbeiziehende Eisberge in verschiedenen Größen und Farben den Betrachter, in Neufundland erzählen historische Stätten wie die Viking Site in L'Anse aux Meadows von den ersten Besiedlungen der Neuen Welt durch die Europäer. Und überall warten unberührte Gebiete, einsame Gipfel, abgelegene Seen sowie Fjorde darauf, durchwandert, erklommen oder mit dem Boot erkundet zu werden.

Während in Labrador die uralte Kultur der Eskimovölker Inuit und Innu noch sehr präsent ist, bietet in Neufundland das quirlige St. John's, Provinzhauptstadt und kulturelles wie wirtschaftliches Zentrum der Atlantikprovinzen, modernes urbanes Leben mit Kunst, Konsum, Paraden und viel Musik.

In diesem Kapitel:

ADAC Top Tipps:

10 **Schiffstour Nordküste**
| Tour |
Mit dem Frachtschiff die Nordküste entlang bis hoch nach Nain, Begegnungen mit Inuit inklusive. 122

ADAC Empfehlungen:

24 **North Atlantic Ziplines**
| Abenteuer |
Höhenflüge über Stadt und Land auf Kanadas längstem Zipline-Kurs hoch über dem Fischerort Petty Harbour und dessen Umgebung. Ein großer Spaß von Plattform zu Plattform, nur schwindelfrei sollte man sein. 119

25 **Selma Barkham Town Centre**
| Museum |
Als erste Wissenschaftlerin beschäftigte sich Selma Barkham jahrzehntelang mit der Geschichte der baskischen Fischer in Kanada und wurde dafür hoch geehrt. Das kleine Museum zeigt zahlreiche ihrer Forschungsergebnisse – und ein 400 Jahre altes Glattwal-Skelett. 121

38 Corner Brook

Captain Cooks exakte Karten blieben mehr als ein Jahrhundert aktuell

Information

■ Visitor Information Centre, 15 Confederation Drive, Corner Brook, Newfoundland und Labrador, Tel. 709/639 97 92, www.cornerbrook.com, 9–17 Uhr

Die mit rund 20 000 Einwohnern zweitgrößte Stadt Neufundlands liegt am Mündungstrichter des fischreichen Humber River an der Westküste der Insel. Sie ist ein wichtiger Industriestandort und Anlegeplatz von Kreuzfahrtschiffen, deren Passagiere von hier aus den nahen Nationalpark besuchen. In den 1920er-Jahren wandelte sich Corner Brook vom verträumten Fischernest zum Industriestandort, als dort die Papiermühle Corner Brook Pulp & Paper Limited gegründet wurde. Aus ihr ging eine riesige Papier- und Zellstofffabrik hervor. 1767 kartografierte der englische Seefahrer und Entdecker James Cook erstmals die Bucht, in der später Corner Brook entstand. Daran erinnert das eindrucksvolle Monument am Ende der Mayfair Avenue, das den großen Navigator mit einem Quadranten zeigt. Cooks Karten waren so exakt, dass sie über 100 Jahre lang von Fischern, Händlern und Siedlern genutzt wurden. Vom Monument aus hat man einen herrlichen Panoramablick auf Corner Brook sowie die Bay of Islands.

Restaurants

€€ | **The Carriage Room** Das Restaurant befindet sich im historischen, 1923 erbauten Gebäude des Hotels Glynmill Inn, das zur Registered Heritage Structure ernannt wurde. Das Haus im Tudor-Stil liegt im Grünen, und die Speisekarte ist bodenständig. ■ 1 Cobb Lane, Tel. 709/634 51 81, www.steelehotels.com, tgl. 7–14 und 17–21 Uhr

Der Western Brook Pond entstand vor über 10 000 Jahren aus einem Gletscher

Einkaufen

Sugar Street Bakery Als Kayla Walsh 2018 ihr Geschäft eröffnete, war die Begeisterung groß. Eine Konditorei dieser Qualität gab es bis dahin nicht in der Stadt – und die Schleckermäulchen freuen sich über Torten, Cookies, Madeleines und Profiteroles. ■ 86 West Street, Tel. 709/388 22 53, Di–Do 10–18, Fr bis 20, Sa 11–18 Uhr

Sport

Skifahren und Rodeln Landschaftlich reizvoll ist das Tal des Humber River, der auch als Lachsgewässer bekannt ist. Hoch über dem Tal, am Marble Mountain, entstand ein neuer Wintersportpark mit 34 Abfahrtpisten. ■ Exit 8, Trans-Canada Highway, Tel. 709/637 76 01, www.skimarble.com

39 Gros Morne National Park

Wüstenartige Mondlandschaft und ein kristallgrüner ehemaliger Fjord

Information

■ Discovery Centre, Route 431, Woody Point, Newfoundland und Labrador, Tel. 709/458 24 17, www.pc.gc.ca, Mitte Mai–Mitte Okt 9–17/18 Uhr

Der Gros Morne National Park im Westen Neufundlands teilt sich in das Küstentiefland am St.-Lorenz-Golf und die alpinen Hochländer der Long Range Mountains. Malerische Fjorde, Buchten und Gebirgstäler, tiefe Sümpfe, Gletscherseen sowie einsame Sandstrände prägen das Landschaftsbild. Der Gros Morne Mountain, der 807 m hoch ist, war Namensgeber. Der Park ist bekannt für seine geologische Vielfalt und wurde zum UNESCO-Weltnaturerbe erklärt. So sind die Tablelands eine wüstenartige Mondlandschaft aus rotem Gestein, die offengelegte Erdkruste zeigt. Besucher können diese Region von Juni bis September allein oder mit einem Guide erkunden. Direkt daneben schließen die Green Gardens an, die im völligen Kontrast zu den Tablelands eine äußerst hohe Vegetationsdichte aufweisen. Neben Nadel- und Laubbäumen sind hier auch fleischfressende Schlauchpflanzen, Fettkräuter und Sonnentau heimisch. Zur bemerkenswerten Artenvielfalt dieser Tundra gehören auch Schneehasen, Elche und Rentiere.

Geologisch interessant ist ebenso der Western Brook Pond. Dieser See war ursprünglich ein Fjord, der während der letzten Eiszeit nach dem Schmelzen der Eismassen die Verbindung zum offenen Meer verloren hat und den jetzt glasklares Süßwasser füllt. Beliebt ist eine Wanderung vom höchsten Punkt der Western-Brook-Pond-Schlucht. Hier genießt man einen einmaligen Ausblick.

ADAC *Mobil*

In dem gut ausgestatteten Bike Shop **Cycle Solutions** kann man Fahrräder ausleihen oder halb- und ganztägige geführte Touren buchen. Wer will, saust mit dem Mountainbike durch anspruchsvolles Gelände oder schließt sich einer geführten Tour zu nahe gelegene Höhlen an.
35 West Street, Tel. 709/634 71 00, www.cyclesolutions.ca, Mo–Do 10–18, Fr bis 20.30, Sa 9–18 Uhr

Die historische Wikingersiedlung aus der Zeit um 1000 n. Chr. wurde rekonstruiert

Sehenswert

Pissing Mare Falls

| Wasserfall |

Im Park befinden sich die Pissing Mare Falls, die mit einer Fallhöhe von 350 m in den Western Brook Pond stürzen. Sie sind die höchsten Wasserfälle im Osten des nordamerikanischen Kontinents. Weitere Seen im Nationalpark sind Ten Mile Pond, Bakers Brook Pond, Trout River Big Pond und Trout River Small Pond – alle können mit dem Kajak erkundet werden. Ausrüstung gibt es bei Gros Morne Adventures, Norris Point Wharf.

■ www.grosmorneadventures.com

Restaurants

€ | **Java Jack's** Hier wird mit Freude frisch gekocht: kleine Gerichte tagsüber, abends gibt es im oberen Speisesaal Fisch, Karibu und Vegetarisches. Das Gemüse kommt aus dem eigenen Bio-Garten. ■ 88 Main Street North, Rocky Harbour, Tel. 709/458 27 10, www.javajacks.ca, Mai–Sept. tgl. 8.30–20.30 Uhr

Kinder

Bonne Bay Marine Station Die Forschungseinrichtung gehört zur Memorial University of Newfoundland und zeigt in Aquarien das maritime Leben in Bonne Bay. Halbstündlich gibt es interaktive Touren und für Kinder »Touch Tanks« und einen seltenen blauen Hummer. ■ 1 Clarke's Road, Norris Point, Tel. 709/458 25 50, www.bonnebay.ca, Juni–Aug. tgl. 9–17 Uhr

Erlebnisse

Western Brook Pond Ein beliebtes Ziel für Bootstouren zwischen den hoch aufragenden Klippen. Während einer zweistündigen Exkursion mit

BonTours können Besucher durch das kristallklare Wasser bis auf den Grund blicken – unvergesslich! ■ BonTours Tour Boat Terminal, Western Brook Pond Trail, Tel. 709/458 20 16, www.bontours.ca

40 L'Anse aux Meadows

Auf den Spuren der Nordmänner in der nachgebauten Wikingersiedlung

Information

■ L'Anse aux Meadows National Historic Site, Route 431, L'Anse aux Meadows, Newfoundland und Labador, Tel. 709/623 26 08, www.pc.gc.ca, Ende Mai–Anfang Okt. tgl. 9–17/18 Uhr

Die rekonstruierte Wikingersiedlung von L'Anse aux Meadows lockt auch im Hochsommer keine Touristenströme an. Für die Wikinger jedoch war der Ort einst das Tor zu einer neuen Welt. Die erste Kolonie am Ufer des kleinen Black Duck Brook, auf einer ebenen Terrasse über der Epaves Bay, markiert die erste europäische Siedlung auf amerikanischem Boden, das Vinland der Sagen, in dem wilde Trauben wuchsen.

In L'Anse aux Meadows belegen Ausgrabungen der Überreste eines Lagers die Anwesenheit der Nordmänner im 11. Jh. Überlieferungen zufolge wurde das Dorf von Leif Eriksson, dem Sohn des legendären Erik des Roten, angelegt. Nach einer deutlichen Klimaveränderung im 12. und 13. Jh. wuchs auf Neufundland kein Wein mehr, daher suchten Wissenschaftler das sagenhafte Vinland der Reben irrtümlich lange Zeit zu weit südlich. Norwegische Archäologen gruben 1960 schließlich die Ruinen des Wikingerlagers aus. Seit dem Jahr 1978 ist L'Anse aux Meadows UNESCO-Weltkulturerbe. Die skandinavische Siedlung war wahrscheinlich nur wenige Jahre bewohnt, darauf deuten Isländersagas und archäologische Befunde hin.

Sehenswert

Norstead Viking Village
| Freilichtmuseum |
Noch nicht genug von Wikingermythen? Im Freilichtmuseum Norstead Viking Village zeigen als Wikinger kostümierte Fremdenführer in zwei rekonstruierten Langhäusern das typische Leben der Nordmänner. Anhand eines nachgebauten Segelschiffs kann man sich ein Bild davon machen, wie abenteuerlich die Überfahrt von Grönland über den Nordatlantik nach Neufundland war.

■ Route 436, Tel. 709/623 28 28, www.norstead.com, Juni–Sept. 9.30–17.30 Uhr

Restaurants

€€ | The Daily Catch Stilvolles Restaurant mit überzeugenden Gerichten wie Lachs in Basilikumbutter, Crab au Gratin und Kabeljauburger sowie mit einer guten Weinkarte. ■ 112 Main Road, St. Lunaire-Griquet, Tel. 709/623 22 95, www.dailycatch.ca, tgl. 11–21 Uhr

€€€ | The Norseman Restaurant Direkt am Wasser gelegen, gehört das Restaurant zu den besten Neufundlands. Kostprobe gefällig? Caesar Salad aus Grünkohl mit Seesaibling, gedörrte Muscheln oder Karibulende aus Labrador. Und die Cocktails kühlen Würfel aus Eisbergeis. ■ Route 436, L'Anse aux Meadows Village, Tel. 709/623 20 18, www.valhalla-lodge.com, Mai–Sept. tgl. 12–21; Livemusik Fr ab 18.30 Uhr

Reinstes Wasser, Eisberge und Wale ziehen die Besucher nach Twillingate

Wandern

Küstenwanderung Lohnenswert ist der 3 km lange Weg, der sich am Informationszentrum der National Historic Site und die Küste entlang windet. Mit etwas Glück sind von Mai bis Juli Wale und treibende Eisberge zu sehen.

41 Twillingate

Bruchstücke von uraltem Grönlandeis treiben an der Stadt vorbei

Information

■ Twillingate Islands Tourism Association, P.O. Box 217, Twillingate, Newfoundland und Labrador, Tel. 709/884 84 77, www.visittwillingate.com

Die kleine Gemeinde Twillingate an der Notre Dame Bay liegt besonders dicht an jener Meeresströmung, die vom Nordpolarmeer aus entlang der Nord- und Ostküste Neufundlands zieht. Dieser Küstenabschnitt wird auch gern »Eisberg-Allee« genannt. Manchmal driften sogar noch im Juli Eisberge so dicht an Twillingate vorbei, dass man sie von der Steilküste aus sehen kann. Die Meeresströmung transportiert aber auch Nahrung für Wale, die im Sommer auf dem Weg nach Norden hier vorbeikommen.

Die Eisberge vor Twillingate sind Bruchstücke vom Grönlandeis, das 10 000 bis 20 000 Jahre alt und gefrorenes Süßwasser ist. Da es damals noch kaum Luft- und Umweltverschmutzung gab, ist das Schmelzwasser der

ADAC *Mittendrin*

Wer Ende Juli in der Gegend ist, sollte unbedingt beim **Fish, Fun & Folk Festival** Halt machen. Eine Woche lang dreht sich in Twillingate alles um Musik, Tanz, Essen, Trinken und einfach nur darum, miteinander Spaß zu haben. *www.fishfunfolkfestival.com*

Eisberge das reinste Wasser, das es auf der Erde gibt. Es wird u.a. auch für das »Iceberg Beer« (S. 120) verwendet. Schon im 16. Jh. wurde die Notre Dame Bay als saisonaler Fischereihafen genutzt. Erste europäische Siedler trafen allerdings erst im 17. Jh. ein. Die ursprünglichen Bewohner, das indianische Volk der Beothuk, waren bis zu Beginn des 19. Jh. in der Region ansässig, bis sie zu ihren Verbündeten, den Montagnais, nach Labrador zogen. Heute verbinden zahlreiche Dammstraßen (Causeways) die vielen Inseln der Notre Dame Bay miteinander und bieten immer wieder beeindruckende Blicke auf die raue Küstenlandschaft.

Sehenswert

Long Point Lighthouse

| Leuchtturm |

Gleich hinter Twillingate liegt die Gemeinde Crow Head auf North Twillingate Island. Die Straße windet sich Richtung Long Point zum Leuchtturm der Insel, der ein grandioses 360°-Panorama bietet. Wer die Küste noch weiter zu Fuß erkunden möchte, folgt ab hier einem Wanderweg.

■ Lighthouse Road, Tel. 709/884 54 08, www.visittwillingate.com, 10–18 Uhr, Eintritt frei

Twillingate Museum

| Museum |

Im ehemaligen Pfarrhaus ist das Heimatmuseum mit Wissenswertem über die Region untergebracht. In einem Raum wird das kontrovers diskutierte Problem der Robbenjagd thematisiert. Beeindruckend ist auch die Biografie der »Nachtigall des Nordens«: Die Sängerin Georgina Ann Stirling gelangte in den 1890er-Jahren vom kleinen Fischerdorf bis auf die Bühne der Mailänder Scala, wo sie unter ihrem Künstlernamen Marie Toulinquet brillierte.

■ 1 St. Peters Church Road, Tel. 709/884 28 25, www.tmacs.ca, Mai–Okt. tgl. 9–17 Uhr

Gefällt Ihnen das?

Wer glaubt, Twillingate sei abgeschieden, kennt **Fogo Island** nicht. Die kleine Insel im Nordosten Neufundlands ist nur mit der Autofähre zu erreichen und hat neben einer schroffen, ursprünglichen Landschaft ein 29-Zimmer-Mega-Luxushotel in futuristisch-schlichter Architektur zu bieten, aus dessen Einnahmen fünf Studios finanziert werden, in denen internationale Künstler aller Genres wohnen und kreativ sein dürfen. Hier erholen sich ganz privat Hollywood-Größen und andere VIPs, auch Kanadas Premier Justin Trudeau war schon da.

Prime Berth Fishing Museum

| Museum |

Hier sind Exponate zur Historie des Fischfangs in Neufundland geboten. Vom Bootssteg des Museums aus starten Whalewatching-Touren.

■ Main Tickle Causeway, Tel. 709/884 24 85, www.primeberth.com, Juli–Aug. tgl. 9–18 Uhr

Restaurants

€€ | **Doyle Sansome & Sons** Klassisches Fischlokal, das sein Handwerk beherrscht: panierter Kabeljau, Fischfrikadellen mit Rhabarber-Relish. Großartige Aussicht. ■ 25 Sansome's Place, Hillgrade, Tel. 709/628 74 21, www.sansomeslobsterpool.com, tgl. 12–20 Uhr

Erlebnisse

Eisberg-Bootstouren Anbieter wie Twillingate Adventure Tours oder Iceberg Man Tours organisieren Bootstouren, bei denen man oft Walen begegnet. ■ 128 Main Street, Tel. 709/884 13 06, www.twillingateadventuretours.com; 50 Main Street, Tel. 800/611 23 74, www.icebergtours.ca

42 Gander

Schneeballschlacht mit Fidel Castro und Zwangspause für Marilyn Monroe

Information

■ Visitor Centre, Highway 1, Ortseingang, Gander, Newfoundland und Labrador, Tel. 709/651 29 30, www.gandercanada.com, Juni–Sept. Mo–Fr 8.30–16.30 Uhr

Ein touristisches Kleinod ist Gander am nordöstlichen Ufer des Gander Lake nicht. Entstanden ist die Siedlung, als entschieden wurde, dort einen Flughafen zu bauen. 1936 begannen Arbeiter mit einer ersten Landebahn entlang der heute eingestellten Newfoundland Railway. Hier sollte der größte Flughafen der Erde entstehen, für die neu aufkommenden Transatlantikflüge erster bzw. letzter Zwischenstopp westlich des Atlantiks. Im Januar 1938 landete dort dann erstmals ein Flugzeug.
Während des Zweiten Weltkriegs starteten Tausende Flugzeuge der US Air Force von Gander aus Richtung Europa. Während dieser Zeit lebten auf der RCAF Station Gander nicht weniger als 10 000 Militärangehörige. Nach dem Krieg wurde der Flughafen wieder zivil, mehrere Airlines nahmen noch vor Ende 1945 den regulären Flugdienst via Gander auf. Weil Transatlantikflüge bis in die 1950er-Jahre hinein nicht genug Treibstoff mitnehmen konnten und deswegen zwischenlanden mussten, schauten auch Stars wie die Beatles, Frank Sinatra und Marilyn Monroe hier vorbei. Kubas früherer Präsident Fidel Castro soll den Zwischenstopp für eine kleine Schneeballschlacht mit einigen Einwohnern genutzt haben.
Ende der 1950er-Jahre erhöhte sich die Reichweite der Flugzeuge, die Bedeutung Ganders als Luftfahrt-Drehkreuz ging zurück. Nur im Notfall landen hier heute noch Transatlantikflieger wie nach den Anschlägen vom 11. September 2001, als 38 Jets und fast 7000 Flugpassagiere in Gander strandeten, die von der einheimischen Bevölkerung gastfreundlich umsorgt wurden.

Im Blickpunkt

Natur und Geschichte: Viking Trail

489 km erstreckt sich der Viking Trail (Route 430) immer entlang der Westküste Neufundlands bis in den Süden Labradors mit Blick auf eine großartige Küste, auf Eisberge, Wale und dramatische Himmelslandschaften. Die beliebte Panoramastraße verbindet die beiden UNESCO World Heritage Sites miteinander: Gros Morne National Park und L'Anse aux Meadows. Der Viking Trail führt durch pittoreske Fischerdörfer und auch zur paläo-indianischen Grabstätte von Port au Choix, vor 4400 Jahren entstanden und heute eine National Historic Site.
www.vikingtrail.org; www.newfoundlandlabrador.com

North Atlantic Aviation Museum: historische Flugzeuge und ein neuer Flugsimulator

Sehenswert

North Atlantic Aviation Museum
| Museum |
Ganz der Luftfahrt gewidmet, zeigt das Museum ein halbes Dutzend historischer Flugzeuge und unzählige historische Artefakte aus der Zeit von 1935 bis 2001, die Ganders Rolle bei der transatlantischen Luftfahrt darstellen. ■ 135 Trans-Canada Highway, Tel. 709/ 256 29 23, www.northatlanticaviationmuseum.com, tgl. 9–17 Uhr; Kinder bis 5 Jahre Eintritt frei

Restaurants

€€€ | **Mystic Dining Room** Appetit auf »Elk Tenderloin« oder »Orange Partridgeberry Duck«? Das Restaurant im Sinbad's Hotel & Suites überzeugt mitten in der kanadischen Provinz mit überraschend raffinierter Küche und einer exquisiten Weinkarte. ■ 133 Bennett Drive, Tel. 709/651 26 78, www.mysticgander.com, tgl. 7–14 und 17–21 Uhr

43 Terra Nova National Park

Magischer Ort mit Feuchtgebieten, Teichen und Regenmooren

Information

■ Terra Nova National Park Visitor Centre, Trans-Canada Highway, Terra Nova National Park/Salton's Day Use Area, Newfoundland und Labrador, Tel. 709/ 533 29 42, www.pc.gc.ca, Juni–Aug. tgl. 10–18, Sept., Okt. Do–Mo 10–16 Uhr

Ein magischer Ort mit geschützten Buchten, Inseln, Landzungen, Seen, Teichen, Wäldern und Mooren: Der Terra Nova National Park hat eine Fläche von 400 km² und wurde 1957 eröffnet. Damit war er der erste Nationalpark der Provinz Newfoundland und Labrador. Hier finden sich Feuchtgebiete, Teiche und Regenmoore. Die Vegetation wird dominiert von Weißkiefern, Ebereschen, Ahornbäumen,

Tamarack-Lärchen sowie schwarzen Fichten, ist Lebensraum für Schneeschuhhasen, Elche und Amerikanische Nerze. Kojoten, Schwarzbären und Karibus streifen über die Lichtungen, Rotfüchse, Biber, Flussotter und Luchse wandern entlang der Bäche, während am Himmel Weißkopfseeadler ihre Kreise ziehen. An der Küste des Parks leben Wale, Robben, Orcas und Delfine. Mit ein bisschen Glück kann man diese Meeresbewohner von der Küste der Bonavista Bay aus sichten.

Im Park sind Überreste von Sägewerken zu finden. In früheren Zeiten war das Holz der borealen Wälder Neufundlands ein wichtiger Wirtschaftsfaktor. Heute läuft hier keine Säge mehr, dafür sind Wandern, Schwimmen und Kajakfahren angesagt.

Restaurants

€€ | **Chucky's Seafood and Wildgame Restaurant** Gleich neben dem Terra Nova National Park liegt der kleine Ort Happy Adventure – ein Halt lohnt sich nicht nur wegen des heiteren Namens, sondern wegen des Fischrestaurants, das eines der besten der Region ist. Probieren sollte man eine Portion »Cod Tongues« – eine hiesige Delikatesse! ■ 8 Harbour View Road, Happy Adventure, Tel. 709/677 22 33, www.innathappyadventure.com

Erlebnisse

Bootstouren Ranger bieten von Mitte Juni bis Anfang September geführte Bootstouren an. Zu entdecken gibt es in der Bonavista Bay Meereshöhlen, Eisberge und die beeindruckende Fauna des Atlantiks. Oft wird das Boot von neugierigen Seehunden begleitet.

Wandern

Auf mehr als 80 km Wegen können Besucher die Region erkunden – auf kurzen Etappen, Tagestouren oder bei geführten Wanderungen. Bei Letzteren

Der Terra Nova National Park kann auf schönen Wanderwegen erkundet werden

werden den Teilnehmern Themen wie Waldbrand, gefährdete Arten und essbare Pflanzen nähergebracht. Informationen hierzu gibt es im Besucherzentrum.

44 St. John's

Zwischen farbenfrohen Fassaden und Militärparaden

Information

■ Visitor Centre, 348 Water Street, St. John's, Newfoundland und Labrador, Tel. 709/576 81 06, www.stjohns.ca, Jan.–Mitte Mai Mo–Fr 9–16.30, Mitte Mai–Okt. tgl. 9–16.30 Uhr

Die Provinzhauptstadt St. John's liegt an einem gut geschützten Naturhafen, der im Sommer von vielen Kreuzfahrtschiffen angesteuert wird. Diese haben ein berühmtes historisches Vorbild: Am 24. Juni 1497 wurde die Bucht von dem unter englischer Flagge segelnden venezianischen Seefahrer Giovanni Caboto (engl. John Cabot) entdeckt.
Als Wahrzeichen der ältesten Stadt Nordamerikas gilt der Cabot Tower. Auf dem Signal Hill gelegen, ist der 1898 zu Ehren von John Cabot und anlässlich des Thronjubiläums von Queen Victoria errichtete Turm von fast überall zu sehen. Historische Bedeutung hat der Hügel auch deshalb, weil der italienische Radiopionier und spätere Nobelpreisträger Guglielmo Marconi hier mit Funkwellen experimentierte und 1901 das erste transatlantische Funksignal empfing. Das Stadtzentrum ist der wohl farbenfroheste Ort des Landes: Die an Hügeln gelegenen alten Häuser leuchten in unterschiedlichen Tönen und sehen von ferne wie zuckersüße bunte Dragees aus – Einheimische nennen die Uferstraße daher »Jellybean Row«. Die Tradition, Hausfassaden bunt zu streichen, stammt noch aus viktorianischer Zeit: Um ihre Häuser nicht zu verwechseln, wenn sie spätabends oder im Nebel heimkehrten, sollen einheimische Fischer die Außenwände farbig angemalt haben.
Besucher flanieren durch die pittoresken Gassen und bewundern die Zwillingsuhrtürme der beeindruckenden Basilica of St. John the Baptist. Oder besuchen Quidi Vidi, ein Dorf nördlich von Downtown mit dem Charme eines alten Fischerhafens.
Im Sommer finden in der George Street viele Musikfestivals statt. Draußen und in vielen Bars wie Pubs spielen Livebands dann ihre neuesten Songs.

ADAC *Wussten Sie schon?*

St. John's liegt am Trans-Canada Highway, der drittlängsten Straße der Welt. Sie beginnt bzw. endet in 50 New Gower Street in der Innenstadt. An diesem Punkt befindet sich das Sport- und Unterhaltungszentrum Mile One Centre, welches den Startpunkt »Mile 0« symbolisiert.

Sehenswert

Shakespeare by the Sea
| Theateraufführung |
Am Signal Hill und an anderen Orten werden seit mehr als 25 Jahren von Juli bis August Theaterproduktionen unter freiem Himmel aufgeführt. Tickets sind an der Kasse erhältlich, einige Vorstellungen sogar eintrittsfrei.
■ Tel. 709/722 72 87, www.shakespearebytheseafestival.com

The Rooms

| **Museum** |

Neufundlands Provinzmuseum und zugleich wichtigste Kunstgalerie liegt direkt neben der Basilica of St. John und trägt den schlichten Namen The Rooms. Zu sehen sind Gemälde, Skulpturen und historische Waffen.

■ 9 Bonaventure Avenue, Tel. 709/757 80 00, www.therooms.ca, Mo, Di, Do, Sa, 10–17, Mi bis 21, Fr bis 22, So 12–17; Mi 18–21 Uhr freier Eintritt

Cape Spear Lighthouse National Historic Site

| **Leuchtturm** |

Nur eine kurze Autofahrt von St. John's entfernt liegt der östlichste Punkt Nordamerikas. Das 1840 hier errichtete Lighthouse gibt Einblicke in das karge Leben der Leuchtturmwärter vergangener Zeiten.

■ 1914–1930 Blackhead Road, Cape Spear, Tel. 709/772 21 91, www.pc.gc.ca, tgl. 10–18; Juli–Aug. tgl. um 11 Uhr geführte Touren

ADAC *Mittendrin*

Freunde – und das sind nicht wenige – nennen ihn »The Duke«. Der schlichte englische Pub **Duke of Duckworth** steht für all das, was man an Neufundland und seinen Bewohnern einfach mögen muss. Besonders freitagabends sitzt hier ein großartiger Mix aus Arbeitern und Angestellten, Jungen und Alten sowie Einheimischen und Touristen auf den abgewetzten roten Barhockern.

325 Duckworth Street, Tel. 709/739 63 44, www.dukeofduckworth.com, So–Do 12–2, Fr, Sa bis 3; Happy Hour tgl. 16–19 Uhr

Restaurants

€–€€ | **Adelaide Oyster House** In das stilvolle Restaurant mit Bar kommen Gäste, die Wraps mit Kobe-Rind oder Fisch-Tacos und frische Austern schätzen und welche die lebhafte Atmosphäre während der Happy Hour genießen. ■ 334 Water Street, Tel. 709/722 72 22, So–Do 17–22, Fr, Sa bis 24 Uhr

Kneipen, Bars und Clubs

YellowBelly Brewery In dem großen Backsteingebäude aus dem Jahr 1725 werden süffige Biersorten gebraut und getrunken. Dazu gibt es zünftiges Pub-Essen. Eine Stimmung wie zu Zeiten der Prohibition herrscht im Underbelly, einer düsteren Bar im Keller. ■ 288 Water Street, Tel. 709/757 37 84, www.yellowbellybrewery.com, So, Mo 11–1, Di–Do 11.30–2, Fr bis 3, Sa 11–3 Uhr

Kinder

Pippy Park Ein 3400 ha großer Stadtpark mit Wanderwegen, Picknickplätzen, einem Golfplatz sowie einem »Fluvarium«, das hinter einer Glasscheibe Einblick in einen ganzen Flussabschnitt ermöglicht – und vor allem mit großartigen Spielplätzen, auf denen sich die Kinder austoben können. ■ 15 Mount Scio Road, Tel. 709/737 36 55, www.pippypark.com, tgl. 13–22 Uhr

Events

Signal Hill Tattoo Auf dem Signal Hill findet von Juli bis August fast täglich eine historische Aufführung statt; eine Militärparade des königlichen Regiments und der Artillerie Neufundlands, die mit einem Trommelmarsch auf dem Hügel erscheint. Mit lautem Donner werden anschließend Kanonen und Musketen abgefeuert, um an die einstige Macht des britischen Militärs im 19. Jh. zu erinnern. ■ www.signalhilltattoo.org

Erlebnisse

24 **North Atlantic Ziplines** Was für Höhenflüge! Auf Kanadas längstem Zipline-Kurs geht es rund um und über den kleinen Fischerort Petty Harbour und dessen Umgebung. Zehn Strecken, von 100 bis zu 670 m Länge, führen über Wald, Küste, Bebauung – von Plattform zu Plattform, wo Infotafeln das gerade Überflogene erläutern. ■ 32 Main Road, Petty Harbour, Tel. 709/368 86 81, www.zipthenorthatlantic.com, tgl. 11–14, 15–17, 18–21 Uhr

St. John's Haunted Hike Schwarz gewandet führt Reverend Thomas Esp die Besucher in die dunklen und geheimnisvollen Gegenden der Stadt – wo man prompt kopflosen Kapitänen, Mördern, Geistern und anderen gruseligen Gestalten begegnet. Gestartet wird – auch bei Wind, Regen oder Nebel – vom Westportal der Anglican Church. ■ www.hauntedhike.com, Juni–Sept. So–Do 21.30–22.45 Uhr

Quidi Vidi Brewing Die Brauerei ist die größte Craft Brewery der Provinz und

ADAC *Wussten Sie schon?*

In Neufundland wird ein eigener Dialekt gesprochen, der geprägt ist vom traditionellen Leben der Menschen als Fischer. Für Touristen am wichtigsten: die richtige Aussprache von Newfoundland. Korrekt ist in etwa »Niuvonländ« mit Betonung auf dem langen »ä« in »land« und keinesfalls ein ausgesprochenes und betontes »found«. Wegen der vielen eigenen Wörter oder anderen Wortbedeutungen haben selbst englische Muttersprachler oft Schwierigkeiten, diesen Dialekt zu verstehen.

St. John's bietet nicht nur optisch eine bunte Vielfalt, sondern auch kulturell

Point Amour Lighthouse ist der zweithöchste Leuchtturm Kanadas

bekannt für Ales und Lager, berühmt für ihr »Iceberg Beer«, gebraut mit geschmolzenem Eisbergwasser. Zahlreiche Führungen, Verkostungen und Live-Events. ■ 35 Barrows Road, Quidi Vidi, Tel. 709/738 40 40, www.quidividibrewery.ca

P Parken

Um zu verhindern, dass das kleine Dörfchen Quidi Vidi in der Blechlawine des sommerlichen Besucherandrangs untergeht, werden motorisierte Gäste gebeten, außerhalb des Dorfes zu parken. Die **Sonco Parking Garage** an der Kreuzung von Baird's Cove und Harbour Drive ist eine der möglichen Alternativen. ■ 1 Clift's – Baird's Cove, Tel. 709/754 14 89, Mo–Fr 7–18 Uhr, Parkuhren an der Water und Duckworth Street

45 Labrador

Land der größten Karibuherde Kanadas, letzte Grenze vor dem ewigen Eis

i Information

■ Destination Labrador, 174 Hamilton River Road, Happy Valley-Goose Bay, Newfoundland und Labrador, Tel. 709/896 65 07, www.destinationlabrador.com, Mo–Fr 8.30–17 Uhr

Unvorstellbare Weite, unglaublich einsam. Bis 1992, als der Trans-Labrador Highway eröffnet wurde, war der Zugang zu diesem Gebiet nur mit Kanu, Hundeschlitten oder Flugzeug möglich. Auch heute noch teilen sich vor allem riesige Karibuherden das Land mit Schwarzbären, Elchen und Adlern. Labrador hat eine Fläche von etwa 294 000 km². 28 000 Menschen leben hier, ein Drittel von ihnen gehört zu den Ureinwohnern der Inuit, Innu und Métis. Eine europäische Besiedlung des Landes begann mit den Franzosen, die bereits 1535 die Mündung des St.-Lorenz-Stroms entdeckten und später erste Handelsplätze gründeten. Der Großteil Labradors besteht aus Tundren und Waldtundren, ein Viertel seiner Fläche nehmen Seen, Bäche und Flüsse ein. Vor der Küste treffen der kalte Labradorstrom aus dem Norden und der warme Golfstrom aus dem Süden zusammen – das Klima hier ist teils arktisch, teils subarktisch. Labrador ist ein großartiger Ort zum Beobachten von Walen und Eisbergen, auf dem Labrador Pioneer Footpath führen 110 km markierter Wanderweg an der Küste entlang, auf dem man das Fernglas nicht vergessen sollte. Wer es gern genau hat, kann sich über die aktuelle Position von Eisbergen auf der Homepage www.icebergfinder.com informieren.

Wem der Süden von Labrador noch zu zivilisiert sein sollte, hat mit dem schwer zugänglichen, noch einsameren Norden der Provinz eine beeindruckende Alternative. Hier ist das Land der größten Karibuherde, es ziehen geschätzt 700 000 Tiere durch die Wälder zwischen Zentrallabrador und dem Norden der Nachbarprovinz Québec.

Sehenswert

Point Amour Lighthouse

| Leuchtturm |

Der höchste Leuchtturm Atlantik-Kanadas funktioniert automatisch, Touristen steht das Leuchtturmwärterhäuschen offen. Vielen Schiffen wurde der Nebel nahe des Dorfes L'Anse Amour zum tödlichen Verhängnis, davon zeugen zahlreiche Wrackteile am Ufer. Einheimische nennen die enge Eingangsstelle zum St.-Lorenz-Golf »Point of death«, Ort des Todes. Vom Leuchtturm führt ein Weg mit Erklärungen zu den Wracks der Schiffe »HMS Lily« und »HMS Raleigh«.

■ www.pointamourlighthouse.ca, Mitte Mai–Ende Sept. tgl. 9.30–17 Uhr

Red Bay

| Hafen |

Red Bay war im späten 16. Jh. einer der wichtigsten Walfangplätze der Welt. Hunderte baskischer Fischer fingen 25 000 Glatt- und Grönlandwale und verarbeiteten sie zu Öl für Europas Lampen. Der Haupthafen ist heute eine National Historic Site und UNESCO-Weltkulturerbe.

■ Route 510, Tel. 709/920 20 51, www.pc.gc.ca, Juni–Sept. tgl. 9–17 Uhr

25 Selma Barkham Town Centre

| Museum |

Die gebürtige Londonerin Selma Huxley Barkham hat als Historikerin die Geschichte der baskischen Fischer in Atlantik-Kanada im 16. und 17. Jh. erstmals erforscht und dokumentiert. Für ihre Arbeit erhielt sie mehrere hohe

Im Blickpunkt

Wanderparadies Kanada

Kanada ist ein Paradies für Wanderer. Als die schönsten Classic Canadian Hiking Trails im Osten gelten: East Coast Trail (Newfoundland und Labrador, der 540 km lange Wanderweg führt die Atlantikküste entlang, www.eastcoasttrail.com); Killarney Provincial Park (Ontario, beliebt ist vor allem der Granite Ridge Trail mit Ausblicken auf die La Cloche Mountains und die Georgian Bay, www.ontarioparks.com); Cape Breton Highlands National Park (Nova Scotia, das Meer ist nie weit auf leichtgängigen, aber auch anspruchsvollen Wegen, www.novascotia.com); Bruce Trail (Ontario, 885 km misst Kanadas ältester Wanderweg, der von Queenston nach Tobermory führt, www.brucetrail.org); Fundy Trail (New Brunswick, mit bis zu 16 m gilt die Tide in der Bay of Fundy als höchste der Welt, der 19-km-Wanderweg blickt auf einen bewegten Ozean, www.bayoffundytourism.com); Parc national de la Gaspésie (Québec, auf allen Wegen sollte man auch im Sommer mit Schnee rechnen, www.sepaq.com).

Im Blickpunkt

Polarlichter im Nordosten

Kanada gehört zum sogenannten Polarlichtoval, in dem die Aurora borealis nachts beobachtet werden kann. Auch im Osten des Landes lohnt es, von Oktober bis März in den wolkenlosen Nachthimmel zu schauen. Polarlicht entsteht, wenn Sonnenwinde auf die Erdatmosphäre treffen. Die Stämme der Algonquin-Indianer glaubten, dass Nanabozho, der Schöpfer der Erde, in den hohen Norden gezogen sei und dort ein großes Feuer gemacht habe, damit die Menschen sähen, dass er an sie denke. Andere Ureinwohner nahmen an, das Polarlicht seien Laternen von Dämonen, die verlorene Seelen jagten. *Polarlichtvorhersage: www.swpc.noaa.gov*

Auszeichnungen. Das kleine Museum zeigt zahlreiche ihrer Entdeckungen sowie das 400 Jahre alte, 16 m lange Skelett eines Glattwals.
■ Red Bay, Juli–Sept. tgl. 9–17 Uhr

In der Umgebung

Labrador Heritage Society Museum In dem kleinen Fischerdorf Northwest River lohnt der Besuch dieses Museums mit seiner Ausstellung über die Pionierzeit. ■ Tel. 709/497 88 58, www.labradorheritagemuseum.ca

Restaurants

€€ | **Seaview Restaurant** Fisch, Meeresfrüchte, wilde Beeren – die Küche setzt auf frische und regionale Zutaten, das Restaurant auf eine entspannte Atmosphäre. ■ 31 Main Street, Forteau, Tel. 709/931 28 40, www.labradorseaview.ca, Mitte Mai–Dez. Mo–Sa 11–20 Uhr

€€ | **Whaler's** Wer »Chalupa Fish and Chips« oder Desserts mit Preisel-, Brombeer- und Moltebeeren sucht, wird fündig. ■ 72–76 West Harbour Drive, Red Bay, Tel. 709/920 21 56, www.redbaywhalers.ca, tgl. 8–20 Uhr

Erlebnisse

Labrador Adventures Es sind sicher keine Pauschaltouristen, die nach Labrador reisen. Doch auch mutigeren Reisenden könnten erfahrene Tourguides bei der Organisation ihrer Abenteuer helfen. Die Profis von Labrador Adventures kennen die besten Tagestouren und können als Führer auch für mehrtägige Trips durch die Wildnis gebucht werden. ■ 31 Main Street, Forteau, Tel. 709/931 20 55, www.tourlabrador.ca

10 **Schiffstour Nordküste** Einblicke in eine Welt, die mit dem Auto nicht zu erreichen ist: Die fünftägige Tour mit einem Frachter, der auch Fähre ist und Eisbrecher sein kann, startet in Happy Valley-Goose Bay und führt durch den Lake Melville bis in die Labradorsee – mit Landgängen in fünf Orten des autonomen Inuit-Gebietes Nunatsiavut – und hoch nach Nain. Die Unterbringung auf dem Schiff ist zünftig und ohne unnötigen Luxus. Begegnungen mit Einheimischen, ihren Geschichten, Bräuchen und ihrer Kost sind möglich, das Sichten von Walen, Eisbären, Robben und Eisbergen ist wahrscheinlich. ■ Nunatsiavut Marine Inc., Main Dock, Terrington Basin Lane, Happy Valley-Goose Bay, Tel. 709/896 22 62, www.labradorferry.ca

Übernachten

Übernachten in einem historischen Leuchtturm? Oder auf einer Forschungsstation inmitten einer menschenleeren Wildnis, wo sich Karibus und Schwarzbären gute Nacht sagen? Oder in einem puristischen Edelresort? Das kann man in Newfoundland und Labrador alles haben. Wer aber weniger spektakulär in gemütlichen Bed & Breakfasts, Stadthotels oder gar spartanischen Studentenwohnheimen unterkommen möchte, wird ebenfalls fündig.

Corner Brook 108

€€€ | Quirpon Lighthouse Inn Wer Ruhe und Abgeschiedenheit sucht, findet sie nirgendwo besser als hier. Die Pension mit zehn Zimmern liegt direkt neben dem Leuchtturm, der auch eine Walbeobachtungsstation beherbergt. Es werden auch Wanderungen, Zodiac-Touren und Kajaktrips angeboten. ■ 49 Dogwood Drive, Tel. 709/634 22 85, www.linkumtours.com

Gros Morne National Park 109

€€€ | Neddies Harbour Inn Hier hat man eine wunderschöne Aussicht auf die Bonne Bay und ist in unmittelbarer Nähe zum Gros Morne National Park. Gebaut und eingerichtet im skandinavischen Stil, strahlt das Hotel mit seinen 15 Zimmern Wärme und Gemütlichkeit aus. ■ 7 Beach Road, Norris Point, Tel. 709/458 30 89, www.theinn.ca

Gander 114

€€ | Sinbad's Hotel & Suites Keine lauschige Unterkunft, aber ein funktionales und gepflegtes Hotel in moderner Architektur, in dem man gern eine Pause vom Fahren auf dem Highway macht. ■ 133 Bennett Drive, Tel. 709/651 26 78, www.steelehotels.com

Terra Nova National Park 115

€ | Camping im Nationalpark Mit Erlaubnis der Nationalparkverwaltung können Backpacker (Rucksackwanderer) im Hinterland des Nationalparks auf einfachen Campingplätzen übernachten. Besser ausgestattete Campingplätze sind der Newman Sound Campground und der Malady Head

ADAC *Mobil*

Die Weite Kanadas lädt ein, sie mit dem **Wohnmobil** zu erkunden. Man ist flexibel unterwegs, gestaltet die Route ganz individuell und erspart sich am Ende des Tages die Suche nach einem Hotel. Zu den größten Vermietern des Landes gehören CanaDream Campers und Cruise Canada. Man sollte vergleichen, ob eine Onlinereservierung von zu Hause nicht günstiger ist als das Mieten vor Ort. *www.canadream.com; www.cruisecanada.com*

Campground. Besonders beliebt ist das Campen an der Küste, dazu gibt es an der Mündung des Southwest Arm Brook einen Platz mit Picknicktisch und drei Holzplattformen. ■ Reservierungen unter Tel. 519/826 53 91, allg. Informationen unter Tel. 888/773 88 88, www.pc.gc.ca

€€–€€€ | **Fishers' Loft Inn** Etwa eine Stunde vom Park entfernt, aber mit tollem Blick über Bucht und Meer. Wer in den Holzhäusern bei geöffnetem Fenster schläft, kann die vorbeiziehenden Wale manchmal sogar beim geräuschvollen Ausatmen hören. ■ Mill Road, Port Rexton, Tel. 709/464 32 40, www.fishersloft.com

St. John's 117

€ | **Memorial University – Guest Accomodations** Schöne Alternative für Sparfüchse: Im Juli und August vermietet die Universität Zimmer in ihren Studentenwohnheimen. Gäste haben auch Zugang zu Pool und Fitnesscenter. ■ 40 Livyers Loop, Tel. 877/730 76 57, www.mun.ca unter conferences

€€ | **ALT Hotel St. John's** Unterkunft aus der ALT-Hotelgruppe in der Innenstadt mit Blick auf Hafen und Narrows Channel. Farbenfrohes, stylishes Design mit fairem Preis-Leistungs-Verhältnis. ■ 125 Water Street, Tel. 709/383 21 25, www.althotels.com

€€–€€€ | **Leaside Manor Suites & Executive Apartments** Rund 20 Gehminuten vom Zentrum entfernt befindet sich das restaurierte Kaufmannshaus von 1920 mit sieben liebevoll eingerichteten Zimmern und vier Apartments. ■ 39 Topsail Road, Tel 709/722 03 87, www.leasidemanor.com

Labrador 120

€€ | **Whaling Station Cabins** Die früheren Unterkünfte der Fischer in dieser ehemaligen Walstation wurden zu kleinen gemütlichen Cottages umgebaut, die sich über den kleinen Ort Red Bay verteilen. Herrliche Ausblicke auf den Ozean machen den Aufenthalt komplett. ■ 7276 West Harbour Drive, Red Bay, Tel. 709/920 21 56, www.redbaywhalers.ca

ADAC *Das besondere Hotel*

Cape Anguille Lighthouse Inn
In diesem umgebauten historischen Haus des Leuchtturmwärters, direkt neben dem rot-weißen Bilderbuch-Leuchtturm, warten gemütliche Zimmer auf den ruhesuchenden Gast, inmitten einer atemberaubenden Landschaft mit Schafen und Pferden, die erwandert werden will und über der die Seeadler kreisen.
€€ | Lighthouse Road, Tel. 709/634 22 85, www.linkumtours.com

ADAC *Service Kanada Ost*

Beim **ADAC Infoservice**, in den **ADAC Geschäftsstellen** sowie auf dem **Internetportal des ADAC** (adac.de) erhalten Sie Informationen zu den Dienstleistungen des Automobilclubs und zu Ihrem Reiseziel. Als **ADAC Mitglied** können Sie zudem das kostenlose **ADAC TourSet® Ostkanada** anfordern oder die **TourSet App** auf dem **Smartphone** oder **Tablet-PC** installieren (adac.de/toursetapp).
Rufen Sie bei Notfällen und Pannen den **ADAC Notruf** bzw. den **ADAC Auslandsnotruf** an. Unser Team steht Ihnen rund um die Uhr zur Verfügung.

ADAC Infoservice

Tel. 0 800/510 11 12
Infos zu allen ADAC Leistungen
(Mo–Sa 8–20 Uhr, gebührenfrei)

ADAC Notruf Deutschland

Tel. 0 180/222 22 22
(24 Std., ca. 6 ct/Anruf, max. 42 ct/Min. aus deutschem Mobilfunknetz)

ADAC Notruf Mobil-Kurzwahl

Tel. 22 22 22
(Gebühren variieren je nach Netzbetreiber)

ADAC Auslandsnotruf

Tel. +49/89/22 22 22
(Gebühren variieren je nach Netzbetreiber und Land)

Internet-Serviceangebote des ADAC für Ihre Reiseplanung

Service	Webadresse
Aktuelle Verkehrslage	adac.de/verkehr
ADAC Routenplaner	adac.de/maps
Infos zu Tankstellen und Spritpreisen	adac.de/tanken
Infos zu mautpflichtigen Strecken	adac.de/maut
Infos zu Fährverbindungen	adac.de/faehren
ADAC TourMail (Aktuelle Infos vor Anreise)	adac.de/tourmail
Informationen für Camper	adac.de/camping
Informationen für Motorradfahrer	adac.de/motorrad
Informationen für Segler und Skipper	adac.de/sportschifffahrt
ADAC Reiseangebote	adacreisen.de
ADAC Autovermietung	adac.de/autovermietung
ADAC Mitfahrclub (offen für alle)	adac.de/mitfahrclub
ADAC Versicherungen für den Urlaub	adac.de/versicherungen
Weltweite Preisvorteile für ADAC Mitglieder	adac.de/vorteile-international

Diese **Produkte des ADAC** könnten Sie interessieren: **ADAC Reiseführer Kanada West, ADAC Reiseführer New York und ADAC Reiseführer USA Südstaaten** – erhältlich im Buchhandel, bei den ADAC Geschäftsstellen und in unserem ADAC Online-Shop (adac.de/shop).

Anreise und Einreise

Bahn/Bus

Von den USA aus können Reisende per Bahn und Bus nach Kanada gelangen. Die Bahngesellschaften **VIA Rail** (Kanada) und **Amtrak** (USA) offerieren Rundreisepässe, die in Europa günstig erworben werden können, nicht jedoch vor Ort. Auskunft, Buchungen und Reservierungen bietet **CRD International**, das ist die Generalagentur der VIA Rail Canada in Deutschland (www.crd.de).

Flugzeug

Von Deutschland aus führen viele Direktflüge in die größeren kanadischen Städte. In Ostkanada werden meist Toronto (Ontario), Montréal (Québec) und Halifax (Nova Scotia) angeflogen. Zu diesen Zielen starten täglich von Frankfurt/Main, Düsseldorf und München aus Linienflüge der Deutschen Lufthansa und der Air Canada; von April bis Oktober bieten auch Condor und die kanadische Air Transat einmal wöchentlich Direktflüge nach Halifax und Toronto an. Aus Österreich (Wien) und der Schweiz (Genf, Zürich) führen Flugverbindungen ohne Zwischenstopp nach Montréal und Toronto. Die Flugzeit von Mitteleuropa in die Metropolen Ostkanadas beträgt rund acht Stunden. Es gibt mehr als 100 Flughäfen in Kanada, so sind auch viele andere Regionen des Landes mit nur ein bis zwei Zwischenstopps zu erreichen.

Schiff

Eine Anreise per Schiff ist ebenfalls möglich. Viele Kreuzfahrtschiffe, die an der Atlantikküste Nordamerikas unterwegs sind, machen in Neufundland und Nova Scotia Halt sowie entlang des St.-Lorenz-Stroms. Abenteuerlicher ist sicher die Passage auf einem Frachtschiff. So werden von Antwerpen aus die ostkanadischen Häfen Halifax und Montréal angelaufen.

Einreise und Dokumente

Deutsche, Österreicher und Schweizer benötigen für die Einreise einen **Reisepass**, der nach dem Reiseantritt noch sechs Monate gültig ist. Ein Visum ist nicht nötig, sofern die Reise touristische Gründe hat und nicht länger als sechs Monate dauert. Benötigt wird bei der Ein- und Ausreise eine **Electronic Travel Authorization (eTA)**, die vor dem Reisestart beantragt und ausgefüllt werden muss (www.cic.gc.ca). Fragen zur Einreise beantwortet auch die kanadische Grenzschutzbehörde CBSA (Canada Border Services Agency, www.cbsa-asfc.gc.ca). Ausgefüllt und vorgelegt werden muss bei der Einreise zudem die **Customs Declaration Form**, die während des Hinflugs ausgeteilt wird (bei US-Flügen neuerdings auch Automaten am Ankunftsort).

Auto und Straßenverkehr

Führerschein und Papiere

Um in Kanada ein Auto mieten und fahren zu können, reicht der Führerschein des Heimatlandes. Bei Aufenthalten von mehr als drei Monaten empfiehlt sich der Internationale Führerschein mit einjähriger Gültigkeit.

Tempolimits in Kanada

Straße	Tempolimit
Autobahn	max. 100 km/h
Landstraße	max. 80 km/h
Ortschaft	max. 50 km/h

Verkehrsvorschriften

Es herrscht das **Rechtsfahrgebot** und es wird generell mit **Abblendlicht** gefahren. Für Autofahrer besteht **Gurt-** und für Motorradfahrer **Helmpflicht**.
Ampeln befinden sich im Allgemeinen hinter der Kreuzung; bei Rot muss der Verkehr an der Haltelinie vor der Kreuzung stehen bleiben. An einer roten Ampel darf man nach vorherigem Stopp und bei freier Fahrbahn rechts abbiegen. Bei **Stoppschildern** mit dem Zusatz »4-Way-Stop« müssen Verkehrsteilnehmer aus allen Richtungen an Kreuzungen kurz anhalten, bevor sie der Reihenfolge ihrer Ankunft nach weiterfahren können.
Schulbusse sind orangefarben. Wenn sie anhalten, dürfen sie unter keinen Umständen überholt und nicht vom Gegenverkehr passiert werden.
Die **Promillegrenze** liegt in New Brunswick und Neufundland bei 0,5, in den anderen Ostprovinzen bei 0,8 (für Fahranfänger und Personen unter 21 Jahren gelten 0,0 Promille).

Bußgelder

Die Geldstrafen bei Übertretung der Tempolimits können sehr hoch sein.

Tanken

Das Tankstellennetz ist in den Ballungsräumen und entlang der Hauptverkehrsstraßen (Highways) dicht geknüpft. Auf den Nebenstraßen können schon einmal Hunderte Kilometer zwischen zwei Tankstellen liegen.

Mietwagen

Alle internationalen Mietwagenfirmen sind in Kanada vertreten. Es ist oft günstiger, den Mietwagen von zu Hause aus zu buchen. Es ist wichtig, einen ausreichenden **Versicherungsschutz** zu besitzen. Zu den Mietpreiskosten und der Zahlung einer Kaution sind noch **Provinzsteuern** zu entrichten.
Pkw werden nicht an Personen unter 21 Jahren vermietet, für ein Wohnmobil beträgt das Mindestalter des Mieters 25 Jahre. Zum Mieten benötigt der Fahrer einen nationalen oder international anerkannten Führerschein.

Barrierefreies Reisen

Behindertengerecht ausgestattet und gestaltet sind die meisten öffentlichen Gebäude und Verkehrsmittel. In Museen wird ein Service für Körperbehinderte angeboten.
Besonders ausgewiesene Parkplätze sind überall zu finden. Ein Verzeichnis von Organisationen und Initiativen für Behinderte bietet die Homepage der Canadian Abilities Foundation (www.abilities.ca). Weitere Informationen sind bei der Canadian Paraplegic Association (CPA, www.sciontario.org) und dem Government of Canada Persons with Disabilities Online (www.accesstotravel.gc.ca) erhältlich.

Diplomatische Vertretungen

Deutsche Botschaft Ottawa

■ 1 Waverley Street, Ottawa, Ontario K2P 0T8, Tel. 613/232 11 01, www.ottawa.diplo.de

Deutsches Generalkonsulat Toronto

■ 2 Bloor Street East, 25th Floor, Toronto, Ontario M4W 1A8, Tel. 416/925 28 13, www.toronto.diplo.de

Deutsches Generalkonsulat Montréal

■ 1250 Boulevard René-Lévesque Ouest, Suite 4315, Montréal, Québec H3B 4W8, Tel. 514/931 22 77, www.canada.diplo.de

Österreichische Botschaft
■ 445 Wilbrod Street, Ottawa, Ontario K1N 6M7, Tel. 613/789 14 44, www.bmeia.gv.at

Schweizerische Botschaft
■ 5 Marlborough Avenue, Ottawa, Ontario K1N 8E6, Tel. 613/235 18 37, www.eda.admin.ch

Feiertage

New Year's Day (1. Januar), Good Friday (Karfreitag), Easter Monday (Ostern), Victoria Day (Montag vor dem 25. Mai), Canada Day (Nationalfeiertag, 1. Juli), Civic Holiday (1. Montag im August – außer in Neufundland und Québec), Labour Day (1. Montag im September), Thanksgiving (2. Montag im Oktober), Remembrence Day (11. November), Christmas Day (25. Dezember), Boxing Day (26. Dezember).

Geld und Währung

Die nationale Währung ist der **kanadische Dollar (CAD)**. Die Ein- und Ausfuhr ist unbegrenzt. Es gibt Münzen zu 1, 5, 10 (dime) und 25 Cent (quarter), zu 1 und 2 Dollar sowie Banknoten zu 5 (blau), 10 (violett), 20 (grün), 50 (rot) oder 100 (braun) CAD.

Wechselkurse
(Stand: 09/ 2019)

1 € / 1 CHF	1,47 CAD / 1,33 CAD
10 € / 10 CHF	14,66 CAD / 13,34 CAD
100 € / 100 CHF	146,61 CAD / 133,41 CAD
1 CAD	0,68 € / 0,75 CHF
10 CAD	6,82 € / 7,50 CHF
100 CAD	68,21 € / 74,96 CHF

Die gängigen Kreditkarten werden überall akzeptiert. In den größeren Städten befinden sich zahlreiche Geldautomaten, an denen mit einer **EC-, Maestro- oder Kreditkarte** Bargeld abgehoben werden kann (Servicegebühren beachten!). In entlegenen Regionen wie Neufundland sind Geldautomaten seltener. Hier empfiehlt es sich, ausreichend Bargeld bei sich zu haben. **Traveller Checks**, die auf kanadische Dollars ausgestellt sind, werden akzeptiert.

Kosten im Urlaub
(durchschnittliches Preisniveau)

Tasse Kaffee	4,10 CAD / 2,80 €
Softdrink (0,33 Liter)	2,10 CAD / 1,50 €
Glas Bier (0,5 Liter)	6 CAD / 4,10 €
Glas Wein (0,2 Liter)	6 CAD / 4,10 €
Hauptgericht (Restaurant)	15 CAD / 10 €
Eintritt staatl. Museum	12–15 CAD / 8–10 €
Mietwagen/Tag	105 CAD / 72 €

Gesundheit

Die medizinische Versorgung in Kanada gehört weltweit mit zu den besten. Arzthonorare müssen direkt nach der Behandlung bezahlt werden, es werden Kreditkarten akzeptiert. Die Rechnungen können bei der heimischen Versicherung eingereicht werden.
Medizinische Behandlungen in Kanada können sehr teuer sein. Daher ist der Abschluss einer **Auslandskrankenversicherung** für die Dauer des Aufenthalts zu empfehlen, vor allem, wenn die eigene Krankenversicherung keine Auslandsreisen abdeckt.

In den kanadischen »Drugstores« oder »Pharmacies« sind auch **Medikamente** frei erhältlich, die in Deutschland verschreibungspflichtig sind. Außerhalb der Öffnungszeiten (Mo–Sa 9–18 Uhr) gibt es **keinen Notdienst**. Wichtige Medikamente sollte man möglichst in ausreichender Menge mitnehmen, da diese in Kanada unter Umständen nicht in gleicher Rezeptur oder Dosierung zu erhalten sind. Nützlich ist auch ein datierter und unterschriebener Brief des Hausarztes, der über den Gesundheitszustand und die nötige Medikation informiert.

Haustiere

Im **EU-Heimtierausweis**, den der Tierarzt ausstellt, muss die Kennzeichnung des Haustiers (durch Mikrochip oder Tätowierung) sowie eine Tollwutimpfung (mind. 30 Tage, max. 12 Monate alt) eingetragen sein. Zusätzlich wird von vielen Fluglinien ein tierärztliches **Gesundheitszeugnis** verlangt.

■ www.inspection.gc.ca

Information

Die Website der **Canadian Tourism Commission** (www.canada.travel) bietet viele allgemeine Informationen, Pauschalangebote und Links. Vor Ort empfehlen sich die lokalen Touristeninformationen mit detaillierten Kenntnissen über regionale Sehenswürdigkeiten, Unterkünfte, Veranstaltungen. Dort gibt es auch kostenlose Prospekte, Karten und kundige Mitarbeiter.

Ontario

■ www.ontariotravel.net

Québec

■ www.quebecoriginal.com

New Brunswick

■ www.tourismnewbrunswick.ca

Prince Edward Island

■ www.tourismpei.com

Nova Scotia

■ www.novascotia.com

Newfoundland und Labrador

■ www.newfoundlandlabrador.com

Klima und beste Reisezeit

Kanada wird vom Kontinentalklima bestimmt. Die Sommer sind relativ kurz und warm, die Winter lang, schneereich und äußerst kalt. Klimabestimmend sind die riesige Landmasse, über die im Winter die Blizzards bis weit in die USA hinein fegen, die Großen Seen und der St.-Lorenz-Strom, die das Wetter feuchter und zugleich milder machen, sowie der kalte Labradorstrom im Atlantik. Im Sommer hingegen können subtropische Luftmassen ungehindert aus dem Süden vordringen und das große Land allmählich erwärmen. In den Atlantikprovinzen wird das Wetter stärker vom Meer bestimmt, deshalb sind Regen und Nebel hier keine Seltenheit. Das Klima ist gemäßigter als im kontinentalen Landesinneren.

Die Hauptreisezeit beginnt am Wochenende um den Victoria Day am 22. Mai. Dann öffnen die National- und Provinzparks ihre Pforten. In den Monaten Juli und August, zur Zeit der Schulferien, können Hotels und Flüge ausgebucht sein, denn dann reisen auch viele Kanadier und US-Amerikaner. Ebenfalls sehr beliebt als Reisezeit ist der »Indian Summer« von Ende September bis Mitte Oktober. Dann erstrahlen die herbstlichen Laubwälder in einer wahren Farbenpracht, die von gelb bis blutrot reicht.

Klimatabelle Toronto

Monat	Luft (°C) (min./ max.)	Sonne (Std./Tag)	Regen-tage
Jan.	–6/1	2	13
Feb.	–6/1	2	9
März	–3/5	4	13
April	3/11	5	15
Mai	8/17	7	16
Juni	14/23	6	14
Juli	17/25	7	14
Aug.	17/25	6	13
Sept.	13/22	5	13
Okt.	7/14	4	14
Nov.	2/8	4	14
Dez.	–4/3	2	13

Notfall

Polizei, Ambulanz, Feuerwehr

■ Tel. 911

Operator, Telefonauskunft und Vermittlung (auch Hilfevermittlung im Notfall)

■ Tel. 0

CAA (Canadian Automobile Association)

■ Tel. 613/247 01 17, www.caa.ca, 1145 Hunt Club Road, Suite 200, Ottawa, Ontario K1V 0Y3

CAA Pannenhilfe

■ Tel. 800/222 43 57, www.caa.ca

ADAC Notrufstation USA/Kanada

■ Tel. 888/222 13 73 (deutschsprachig)

ADAC Notrufzentrale München

■ Tel. 011 49/89/22 22 22 (24 Std.)

ADAC Ambulanzdienst München

■ Tel. 011 49/89/76 76 76 (24 Std.)

ÖAMTC Schutzbrief Nothilfe

■ Tel. 011 43/(0)1/251 20 00

TCS Einsatzzentrale

■ Tel. 011 41/588 27 22 20

Öffnungszeiten

Die Ladenöffnungszeiten sind nicht gesetzlich geregelt. Im Allgemeinen sind die Geschäfte in den Städten von Montag bis Samstag von 9 bis 18 Uhr geöffnet, am Donnerstag und Freitag sogar bis 21 Uhr; Shoppingmalls schließen um 22 Uhr. Einige Supermärkte haben 24 Stunden lang geöffnet, am Sonntag kann man in vielen kleinen Läden einkaufen.

Post

Postämter haben von Montag bis Freitag von 9.30 bis 17.30 Uhr und einige auch am Samstag von 9 bis 12 Uhr geöffnet. Briefmarken sind außerdem in Hotels und Andenkenläden sowie an Wertzeichenautomaten erhältlich.

■ www.canadapost.ca

Rauchen und Alkohol

In vielen öffentlichen Einrichtungen darf nicht geraucht werden, Gaststätten haben meist **Raucherzonen**. Für Inlandsflüge und internationale Flüge kanadischer Fluggesellschaften gilt ein striktes **Rauchverbot**.

Die Abgabe **alkoholischer Getränke** ist nur an Personen erlaubt, die älter als **19 Jahre** sind. Auf der Straße und in öffentlichen Anlagen ist der Alkoholkonsum verboten. Nicht erlaubt ist die Mitnahme von angebrochenen und leeren Flaschen oder Dosen mit alkoholischen Getränken im Auto.

Alkoholika sind nur in »Liquor Stores« erhältlich (in Québec: »Société des alcools«). Ausgeschenkt werden dürfen alkoholische Getränke nur in Gaststätten und Restaurants, die eine behördliche Erlaubnis (licence) besitzen.

Festivals und Events

Februar

Carnaval de Québec (www.carnaval.qc.ca) – Hunderttausende Besucher erleben eine »närrische« Fete mit Paraden, Hundeschlittenrennen und einem Kanuwettrennen auf dem St.-Lorenz-Strom.

Winterlude Festival (Ontario, www.pch.gc.ca) – Kunst, Kultur, Sport, Feuerwerk, Eisskulpturen-Wettbewerb und Schlittschuhlaufen auf dem Rideau Canal, der längsten Eisbahn der Welt.

Mai/Juni

Apple Blossom Festival (Nova Scotia, www.appleblossom.com) – Blütenfest in der Apfelkammer Ostkanadas seit 1933.

Canadian Tulip Festival (Ontario, www.tulipfestival.ca) – Frühlingsfest mit vielen Aktivitäten und Millionen von blühenden Tulpen.

Festival International de Jazz de Montréal (Québec, www.montreal-jazzfest.com) – Wichtiges Event der internationalen Jazzszene in zahlreichen Konzertsälen, Clubs, auf den Straßen und auf dem Place des Arts.

Luminato (Ontario, www.luminatofestival.com) – Zehn Tage lang geben bekannte Musiker, Tänzer und Schauspieler Kostproben ihres Könnens; viele Aufführungen sind gratis.

Juli

Cavendish Beach Music Festival (Prince Edward Island, www.cavendishbeachmusic.com) – Eines der größten Open-Air-Festivals Nordamerikas mit vielen berühmten Namen der Countrymusik.

Antigonish Highland Games (Nova Scotia, www.antigonishhighlandgames.ca) – Dudelsackmusik, Tänze und Baumstammwerfen bei den ältesten schottischen Highland Games Nordamerikas.

August

World Film Festival (Québec, www.ffm-montreal.org) – Das internationale Festival gehört zu den renommiertesten und wichtigsten cinéastischen Veranstaltungen.

September

Fall Flavours (Prince Edward Island, www.fallflavours.ca) – Drei Wochen lang präsentiert die Gastronomie der Insel Meeresfrüchte, dazu erklingt traditionelle Musik.

Oktober

Celtic Colours International Festival (Nova Scotia, www.celtic-colours.com) – Musik, Stepptanz und typisches Essen aus Ländern mit keltischen Wurzeln.

November

Canadian Aboriginal Festival (Ontario, www.canab.com) – Kanadas Ureinwohner präsentieren ein umfangreiches Kultur- und Folklore-Programm mit Musik, Pow Wow und Lacrosse-Wettbewerben.

Dezember

Winter Festival of Lights (Ontario, www.wfol.com) – Mehr als drei Millionen Glühbirnen sowie zahlreiche Lichtinstallationen verzaubern die Stadt und die Niagarafälle.

Sicherheit

Die Kriminalitätsrate in Kanada ist relativ niedrig, allerdings in den letzten Jahren angestiegen. Man sollte also keine wertvollen Schmuckstücke tragen, Bargeld nicht öffentlich zählen oder zeigen und Handtasche, Gepäck oder teure Fotoausrüstung nicht unbeaufsichtigt lassen.

Souvenirs

Beliebt sind kunsthandwerkliche Produkte der Indianer wie Lederbeutel oder Mokassins sowie Figuren aus Speckstein der Inuit. Aus den Atlantikprovinzen kommen gestrickte Wollpullover und handgefertigte Quilts. Nicht fehlen sollte der berühmte Ahornsirup, der Maple Syrup, der vor allem in Ontario und Québec hergestellt wird. Geschätzt wird auch kanadischer Whisky oder Wein aus der Niagararegion.

Sport

Kanada ist eines der klassischen Länder für Outdoor-Aktivitäten. Wanderer und Mountainbiker sind hier ebenso am richtigen Ort wie Golfspieler, Kanuten, Segler oder Abenteuerlustige, die sich beim River Rafting austoben.

Besonders attraktiv sind die zahlreichen Nationalparks (www.pc.gc.ca) und Provinzparks. Informationen zu den Möglichkeiten in den jeweiligen Parks gibt es in den Visitor Centres.

Beste Bedingungen für Wintersportler gibt es vor allem in den Berggebieten der Region Laurentides. Hier kann man in der bis in den April verschneiten Weite auch Snowmobilfahrten und Hundeschlittenrennen erleben.

Strom und Steckdose

Die Netzspannung beträgt 110/120 Volt. Aus Europa mitgebrachte elektrische Geräte (220 Volt Wechselstrom) müssen auf 110 Volt umschaltbar sein, sonst wird ein Transformator benötigt. Den erforderlichen Adapter kauft man am besten vor Reiseantritt.

Telefon und Internet

GSM-Mobiltelefone können nur genutzt werden, wenn sie auf der landesüblichen Frequenz von 1900 MHz (Tri-Band-Handy) arbeiten. Es gibt keinen flächendeckenden Netzzugang.

Öffentliche Telefone, meist Kartentelefone, gibt es überall. »Calling Cards« (zu 10, 15 und 20 CAD) erhält man an Zeitungsständen, in Buchläden und in vielen Geschäften. Ferngespräche sind zwischen 23 und 8 Uhr am günstigsten.

Internationale Vorwahlen:

- Kanada 001
- von Kanada nach Deutschland 011 49
- von Kanada nach Österreich 011 43
- von Kanada in die Schweiz 011 41

In allen größeren Orten findet man Lokale und öffentliche Einrichtungen mit WLAN- und WiFi-Bereichen.

Trinkgeld

Das Bedienungsgeld ist in den Rechnungen der Restaurants und Hotels nicht inbegriffen. Daher berechnet der Gast das Trinkgeld mit etwa **15 Prozent des Nettobetrags** (ohne GST), das man im Lokal als »tip« auf dem Tisch liegen lässt oder als Betrag auf der Kreditkartenabrechnung einträgt. Taxifahrer und Friseure erwarten 15 Prozent, Gepäckträger erhalten 1 Dollar pro transportiertes Gepäckstück.

Umgangsformen

Trotz überwiegend lockerer Umgangsformen wird in Kanada viel Wert auf Pünktlichkeit und Höflichkeit gelegt. Es wird kaum gedrängelt, wenig geschimpft, selten gepöbelt. Bei der Begrüßung gibt es innerhalb des Landes Unterschiede: Während im englischsprachigen Teil der Handschlag verbreitet ist, begrüßt man sich im französischen Teil mit Umarmung und Küsschen. In öffentlich geführten Gesprächen sollte man keine Vergleiche zwischen Kanadiern und US-Amerikanern ziehen. Verbreitet sind Einladungen zum »Potluck«: Jeder Gast bringt eine Speise mit, zusammen serviert ergibt das ein vielfältiges Menü.

Unterkunft und Hotels

Bed & Breakfast

Den Gast erwarten häufig eine familiäre Atmosphäre, ein Einblick in die lokale Küche sowie Kontakt zu Einheimischen. Das Angebot ist groß (www.bbcanada.com). In zahlreichen Orten bieten Historic Bed & Breakfast Houses Zimmer mit antikem Mobiliar an, gelegentlich auch in historisch bedeutsamen Gebäuden.

Camping

Im Osten Kanadas gibt es Hunderte von staatlichen sowie privaten Campingplätzen. Die Länge der Campingsaison – offiziell von Mai bis September – ist lokal unterschiedlich, ebenso variiert die Ausstattung der Plätze. Zahlreiche Gelegenheiten zum Camping bieten die Nationalparks. Da die Nachfrage in der Hauptsaison groß ist, sollte man unbedingt frühzeitig reservieren (www.pccamping.ca).

Country Inns

Country Inns sind eine Mischung aus Bed & Breakfasts sowie kleinen Hotels und haben oft eine elegante Atmosphäre. Im Allgemeinen wird zur Übernachtung Frühstück angeboten.

Hotels und Motels

Die Kategorisierung der Hotels entspricht der Europas. Die Preisangaben beziehen sich auf Doppelzimmer ohne Frühstück. Zusätzliche Übernachtungsgäste im Zimmer zahlen nur einen geringen Aufschlag, Nachlass für Einzelpersonen gibt es kaum. Für Kinder, die mit ihren Eltern in einem Zimmer untergebracht sind, werden in der Regel keine Kosten erhoben.

Eine preiswerte Alternative sind die zumeist außerhalb der Zentren gelegenen Motels. Viele gehören Ketten an, sodass der Reisende ein gleichbleibendes Serviceniveau erwarten kann.

Vergünstigungen

Für Kinder, Senioren, Familien und Menschen mit Behinderung gibt es Vergünstigungen beim Eintritt in Museen und Sehenswürdigkeiten. Akzeptiert wird der Internationale Studentenausweis (www.isic.org); Mitglieder der AAA (American Automobile Association) und kooperierender Automobilclubs (so auch der ADAC) können ebenfalls mit Reiserabatten rechnen.

Preisnachlass gewährt auch der **Parks Canada Discovery Pass**, der ein Jahr lang für mehr als 100 Nationalparks und historische Stätten gilt (www.pc.gc.ca). **VIA Rail** bietet mit »System« und »Corridor« zwei Zugpässe, die man online buchen kann und die in einer festgelegten Zeit je sieben Zugfahrten zu günstigerem Preis ermöglichen.

Verkehrsmittel in der Region

Bahn

VIA Rail bietet mehrere Reisezüge, Tickets sind online erhältlich (www.viarail.ca/en; www.crd.de). Toronto (www.mapa-metro.com) sowie Montréal (www.stm.info) verfügen über eigene U-Bahn-Netze, Ottawa hat die Stadtbahn O-Train (www.octranspo.com).

Bus

Mit dem US-amerikanischen Greyhound betreibt **Greyhound Canada** (www.greyhound.ca) das größte Busnetz Nordamerikas. **Megabus** (www.megabus.com) verkehrt zwischen Toronto und den Metropolen New York City, Philadelphia, Washington, D.C., Tickets gibt es online. Zudem sorgen zahlreiche regionale Gesellschaften für Verbindungen in den Provinzen Ostkanadas. Abends und am Wochenende sind die Verbindungen reduziert.

Fahrrad

Viele Städte haben spezielle Radwege und halten Leihräder sowie E-Scooter bereit. In den meisten öffentlichen Verkehrsmitteln können Räder mitgenommen werden (nicht zur Rushhour).

Fähren

Fähren/Autofähren sind in allen Atlantikprovinzen des Ostens unterwegs, viele von ihnen auch ganzjährig.

Flugzeug

Das Flugnetz ist sehr gut ausgebaut. Die wichtigsten Airlines sind **Air Canada** (www.aircanada.com), **West Jet** (www.westjet.com), **Porter** (www.flyporter.com) sowie **Pascan Aviation** (www.pascan.com) und **PAL Airlines** (www.palairlines.ca).

Taxi

Taxis sind in Großstädten reichlich vorhanden. Sie haben Taxameter und einen Startpreis von etwa 3 CAD. Telefonische Bestellungen sind ebenso möglich wie das Heranwinken an der Straße. Auch Uber ist in den meisten Städten vertreten.

Zeitverschiebung

Im Osten Kanadas gibt es drei Zeitzonen: Eastern Time (MEZ minus 6 Std.) in Ontario und Québec, Atlantic Time (MEZ minus 5 Std.) in Labrador, New Brunswick, Prince Edward Island sowie Nova Scotia und Newfoundland Time (MEZ minus 4,5 Std.) in Neufundland.
Sommerzeit (DST = Daylight Saving Time) gilt vom 2. Sonntag im März bis zum 1. Sonntag im November.

Zollbestimmungen

Über Zollbestimmungen informiert die **Canada Border Services Agency** (www.cbsa.gc.ca). Zollfrei eingeführt werden dürfen u.a.: 1,5 l Wein oder 1,14 l Spirituosen oder 24 Bierflaschen zu 355 ml sowie 200 Zigaretten, 50 Zigarren, 200 g Tabak und 200 Tabak-Sticks. Devisen bis zu einem Gesamtwert von 10 000 CAD dürfen ein- und ausgeführt werden. Größere Summen sind anmeldepflichtig. Bis zu einem Gesamtwert von 60 CAD müssen Präsente nicht verzollt werden. Laptops, Foto- und Sportausrüstungen können zwar eingeführt werden, sollten jedoch bei der Ankunft angegeben werden, um später Probleme bei der Ausreise zu vermeiden.
Nicht importiert werden dürfen Nahrungsmittel, Pflanzen und Pflanzenteile sowie Drogen und Narkotika.

Die Geschichte der Region

Um 12 000 v. Chr. Die Vorfahren der Inuit und der Indianer wandern über eine Landbrücke zwischen Alaska und Sibirien nach Nordamerika ein.

Um 1000 n. Chr. Wikinger erreichen Neufundland und bauen erste Siedlungen.

1497 Der in englischen Diensten stehende italienische Seefahrer Giovanni Cabot erreicht die Nordostküste.

1534–41 Der französische Seefahrer Jacques Cartier erkundet den St.-Lorenz-Strom flussaufwärts und nimmt das Land für Frankreich in Besitz.

1583 Sir Humphrey Gilbert nimmt die Insel Neufundland für die englische Krone in Besitz.

1605 Der französische Forschungsreisende und Kolonisator Samuel de Champlain gründet in Nova Scotia die Siedlung Port-Royal.

1608 Champlain gründet Québec; Bauern aus dem Norden Frankreichs (Akadier) siedeln an der Bay of Fundy.

1642 Montréal wird gegründet.

1713 Der Frieden von Utrecht sichert England Nova Scotia, das Hudson-Bay-Gebiet und Neufundland; Frankreich erhält New Brunswick, Cape Breton Island und Prince Edward Island.

1744–48 Erneuter Krieg um die nordamerikanischen Kolonien zwischen England und Frankreich.

1749 Halifax wird gegründet.

1759 Die Briten nehmen Québec City ein.

1763 Frankreich muss die meisten seiner nordamerikanischen Besitzungen an England abtreten (Frieden von Paris am 10. Februar).

1791 Die Kolonie wird in Upper Canada (Oberkanada, Ontario) und Lower Canada (Niederkanada, Québec) aufgeteilt.

1812 Der Britisch-Amerikanische Krieg (»Zweiter Unabhängigkeitskrieg«) beginnt und endet im Februar 1815.

1818 Amerikaner und Briten einigen sich auf den 49. Breitengrad als kanadisch-amerikanische Staatsgrenze.

1830–50 Große Einwanderungswelle aus Irland und Schottland.

1. Juli 1867 Kanada wird im British North America Act gegründet.

1885 Die transkontinentale Eisenbahnstrecke der Canadian Pacific Railway wird fertiggestellt.

1896 Nach Funden im Yukon Territory erfasst Nordamerika ein Goldrausch.

1914–18 Kanada nimmt an der Seite der Alliierten am Ersten Weltkrieg teil.

1939–45 Eintritt Kanadas neben Großbritannien in den Zweiten Weltkrieg.

1949 Kanada wird Mitglied der NATO.

1960 Indianer und Inuit erhalten in der »Bill of Rights« erstmals das Bundeswahlrecht.

1976 Die XXI. Olympischen Sommerspiele in Montréal werden eröffnet.

1994 Das trilaterale Wirtschafts- und Handelsabkommen NAFTA tritt in Kraft. Mit den USA und Mexiko gehört Kanada nun zum größten Wirtschafts- und Handelsblock der Welt.

2010 Im Februar werden die XXI. Olympischen Winterspiele in Vancouver eröffnet – Kanada wird der erfolgreichste Teilnehmer.

2013 Die kanadische Autorin Alice Munro erhält den Literaturnobelpreis.

2017 150-jähriges Gründungsjubiläum Kanadas; der 24 000 km lange Great Trail quer durch das Land wird eröffnet.

2019 Am 20. Mai wird an dem Feiertag Victoria Day der 200. Geburtstag von Königin Victoria begangen.

Englisch und Französisch für die Reise

Das Wichtigste in Kürze	Englisch	Französisch
Ja/Nein	*Yes/No*	*Oui/Non*
Bitte/Danke	*Please/Thank you*	*S'il vous plaît/Merci*
Hallo!/Auf Wiedersehen!	*Hello!/Good bye!*	*Salut!/Au revoir!*
Guten Morgen!/Guten Tag!	*Good morning!/ Good afternoon!*	*Bonjour!*
Guten Abend!/Gute Nacht!	*Good evening!/Good night!*	*Bonne nuit!*
Mein Name ist …	*My name is …*	*Je m'appelle …*
Entschuldigung!	*Excuse me!*	*Pardon!/Excuse(z)-moi!*
Achtung!/Vorsicht!	*Attention!/Caution!*	*Attention!*
Ich verstehe Sie nicht.	*I don't understand you.*	*Je ne vous comprends pas.*
Wie viel kostet das?	*How much is …?*	*Cela coûte combien?*
Wo sind die Toiletten?	*Where is the bathroom?*	*Où sont les toilettes?*
Damen/Herren	*Ladies/Gentlemen*	*femmes/hommes*
geöffnet/geschlossen	*open/closed*	*ouvert/fermé*
gestern/heute/morgen	*yesterday/today/tomorrow*	*hier/aujourd'hui/demain*
Wo ist …?	*Where is …?*	*Où se trouve …?*
Ist das der Weg nach …?	*Is this the way to …?*	*Est-ce que c'est le chemin pour …?*
Nord/Süd/West/Ost	*north/south/west/east*	*nord/sud/ouest/est*
Ich möchte …	*I would like …*	*Je voudrais …*
Die Rechnung, bitte!	*The bill, please!*	*L'addition, s'il vous plaît!*
Auto	*car*	*voiture*
Tankstelle	*petrol station*	*station d'essence*
Super/Diesel/bleifrei	*petrol/diesel/unleaded*	*super/sans plomb (=SP)/gasoil*
Panne	*breakdown*	*panne*
Hilfe!	*Help!*	*Au secours!*
Bank/Geldautomat	*bank/cashpoint (ATM)*	*banque/distributeur de billets*
Arzt	*doctor*	*médecin*
Apotheke	*pharmacy*	*pharmacie*
Lebensmittelgeschäft	*food store*	*épicerie*

Wochentage

Montag/Dienstag	Monday/Tuesday	lundi/mardi
Mittwoch/Donnerstag	Wednesday/Thursday	mercredi/jeudi
Freitag/Samstag	Friday/Saturday	vendredi/samedi
Sonntag	Sunday	dimanche

Monate

Januar/Februar	January/February	janvier/février
März/April	March/April	mars/avril
Mai/Juni	May/June	mai/juin
Juli/August	July/August	juillet/août
September/Oktober	September/October	septembre/octobre
November/Dezember	November/December	novembre/décembre

Alle Blickpunkt-Themen in diesem Band:

Register

Bildnachweis
Titel: Scenic Drive through Autumn, Kanada
Foto: **Shutterstock.com** (Pierre Leclerc)
Rücktitel: links: **Shutterstock.com** (Mark Byer); rechts: **Shutterstock.com** (Javen)

AWL Images: Walter Bibikow 98 – **Getty Images:** Instants 12.3; Photolibrary RM/Yvette Cardozo 35; Lonely Planet Images/Peter Unger 63.1, 78; shaunl 84; Vicki Jauron, Babylon and Beyond Photography 88; Moment RF/Joe Regan 92; Moment RF/Julius Reque 124 – **Huber Images:** Susanne Kremer 50/51; Pietro Canali 58; John Greim 67; Reinhard Schmid 93, 108, 115 – **imago:** All Canada Photos 73, 75.3, 75.4, 91, 95 – **Jahreszeiten Verlag:** Lukas Spöhrl 2, 8/9, 17, 23, 30/31, 43, 54, 100 – **laif:** Tobias Gerber 10.1; Stanislas Fautre/Le Figaro Magazine 47; Gregory Gerault/hemis 63.3 – **Look:** Hemis 11.2; Minden 96 – **mauritius images:** Lorne Chapman/Alamy (Klappe vorn); Marshall Ikonography/Alamy 11.3; Walter Bibikow 12.1, 48, 64, 94; Stuart Forster/Alamy 12.2; Oleksiy Maksymenko/Alamy 13.3; Ian Dagnall/Alamy 29; BYUNGSUK KO/Alamy 37; Hero Images 46; NicVW/Alamy 55; Photononstop 56; Darryl Brooks/Alamy 75.1; Masterfile RM 81; All Canada Photos/Alamy 90; Bill Gozansky/Alamy 102; Pixtal 144 – **seasons.agency:** Arthur F. Selbach 11.1 – **Shutterstock.com:** Wildnerdpix 6.3; Vlad G 9; Russ Heinl 13.2; NelzTabcharani316 14/15; Javen 18/19, 25; AnjelikaGr 27; Firefighter Montreal 40/41; Richard Cavalleri 45; showcake 49; Jorge Moro 68; LOUIS-MICHEL DESERT 71; cworthy 83.1; Sheri Fresonke Harper 97; rustycanuck 103; George Burba 110; Reimar 112; Shzphoto 116; Kitiya Khamyaem 119; Pi-Lens 120 – **Sépaq:** Steve Deschênes 61 – **stock.adobe.com:** Petrov Vadim 77

Herausgeber: GRÄFE UND UNZER VERLAG GmbH, Postfach 86 03 66, 81630 München
Leitender Redakteur: Benjamin Happel
Autoren: Sabine Rheker-Weigt, Dirk Rheker
Verlagsredaktion: Nadia Terbrack (verantw.), Larissa Köpp, Gernot Schnedlitz, Silke Tauscher
Lektorat und Satz: bookwise GmbH
Bildredaktion: Nafsika Mylona
Schlusskorrektur: Constanze Lüdicke
Reihengestaltung: Eva Stadler
Kartografie: Huber Kartografie GmbH, www.kartographie.de
Herstellung: Mendy Willerich
Druck: Drukarnia Dimograf Sp z o.o. (Polen)

GRÄFE UND UNZER

Ein Unternehmen der
GANSKE VERLAGSGRUPPE

ISBN 978-3-95689-511-1
1. Auflage 2020

Leserservice
adac@graefe-und-unzer.de
Tel. 00800/72 37 33 33 (gebührenfrei in D, A, CH)
Mo–Do 9–17 Uhr, Fr 9–16 Uhr

Aus Gründen der besseren Lesbarkeit wird in diesem Buch bei Personenbezeichnungen das generische Maskulinum verwendet. Es gilt gleichermaßen für alle Geschlechter.

Unterwegs in Kanada Ost

Radelnd zu den Blaubeeren

Québec verfügt über ein Radwegenetz von 5000 km. Ein besonders schöner Abschnitt der beliebten Route Verte ist die 256 km lange Blaubeeren-Route, die Véloroute des Bleuets. Sie umrundet den Lac St-Jean, führt durch sattgrünes Farmland und lichte Wälder zu hübschen Dörfern sowie ruhigen Stränden. Vier bis fünf Tage braucht man für die gesamte Strecke – wobei Blaubeeren-Pflückpausen nicht mitgerechnet sind.

■ www.routeverte.com

Wandern auf den Spuren der Mi'kmaq

Der 7 km lange Slapfoot Trail ist nur einer von zahlreichen Wanderwegen in Nova Scotias Kejimkujik National Park. Es geht in schöner Natur am Mersey River und am Ufer des Kejimkujik Lake entlang durch uraltes Mi'kmaq-Gebiet. Nachts funkeln die Sterne über dem »Keji« besonders hell, denn der Park ist seit 2010 auch Lichtschutzgebiet.

■ Details auf S. 96/97

Fahrt im historischen Reisezug

Einen der schönsten Ausflüge in die Provinz Ontarios bietet der Agawa Canyon Tour Train. Der rote Reisezug aus dem Jahr 1901 fährt 114 Meilen durch die Wildnis Algomas, die schon die Landschaftsmaler der »Group of Seven« inspirierte. Im »Indian Summer«, wenn das Laub der Wälder entlang der Strecke in glühenden Farben leuchtet, sind die Fahrten besonders beliebt. Abreisebahnhof ist der Algoma Central Railway Terminal in Sault Ste. Marie.

■ www.agawatrain.com

Mit dem Boot durch den Fjord

Beeindruckend ist eine Bootstour über den glasklaren Western Brook Pond in Neufundlands Gros Morne National Park. Ursprünglich ein Fjord, schlossen Erdmassen während der letzten Eiszeit seine Verbindung zum Meer. Heute starten Boote verschiedener Anbieter zu Touren über den lang gestreckten See zwischen gigantisch aufragenden Felsufern.

■ Details auf S. 110/111